小学道德与法治教学探索

付巧丽　邹　健◎著

线装书局

图书在版编目（CIP）数据

小学道德与法治教学探索/付巧丽，邹健著.--北京：线装书局，2024.1
ISBN 978-7-5120-5837-8

Ⅰ.①小… Ⅱ.①付… ②邹… Ⅲ.①政治课－教学研究－小学 Ⅳ.①G623.102

中国国家版本馆 CIP 数据核字(2024)第 032810 号

小学道德与法治教学探索
XIAOXUE DADOE YU FAZHI JIAOXUE TANSUO

作　　者：付巧丽　邹　健
责任编辑：林　菲
出版发行：线装书局
地　址：北京市丰台区方庄日月天地大厦 B 座 17 层（100078）
电　话：010-58077126（发行部）010-58076938（总编室）
网　址：www.zgxzsj.com
经　　销：新华书店
印　　制：北京四海锦诚印刷技术有限公司
开　　本：787mm×1092mm　1/16
印　　张：11
字　　数：210千字
版　　次：2024年 1月第 1 版第 1 次印刷
定　　价：78.00 元

线装书局官方微信

前 言

目前，很多学校的教学中往往以文化课的成绩来评定一个学生的好坏，忽视了对学生道德与法治的教育，这便导致很多老师和家长并不重视学生的道德与法治教育。一个道德品质欠佳的学生，将来走向社会会对社会产生一定的危害。从前的品德与社会教学法已经不能满足教学需要，因此道德与法治教学改革迫在眉睫。

小学道德与法治教学是一个需要多方面配合的工作，它需要学校、家庭及社会的多方面理解支持与努力。小学道德与法治教学法的改革，能使学生在今后的学习、生活中有更强的社会责任心，还可以培养他们的积极性及主动学习的能力。随着社会的不断进步，道德与法治教学法也应不断改革，因为优秀的学生不应该仅是文化课优秀的学生，而是德智体美劳全面发展的学生。

小学道德与法治课程经历了几十年的发展，通过课程内容的修改、课程目标的更新和教学方法的改革，在教育社会公民健康人格方面发挥了积极作用。本书从道德与法治课程的基础认知出发，对其教育意义与教学主体进行专业分析与探索，接着对小学道德与法治的教学目标与原则以及教学方法进行系统与合理的探究与总结，然后对其教学效果的提升及课程资源的开发进行详细的阐述。然后在核心素养的视角下对“多维立体化”新型育人模式构建进行梳理与总结，最后对小学道德与法治的教学创新，以及教师培养、教学评价进行升华研究。

本书植根于教学实践，具有理论性与实践性、学术性与可操作性相统一的特点，即可作为小学道德与法治教师和课程爱好者的参考用书，还可作为教师在职培训的指导用书。在本书写作的过程中，参考了许多参考资料以及其他学者的相关研究成果，在此表示由衷的感谢。由于水平和时间所限，书中难免会出现不足之处，希望各位读者和专家提出宝贵意见，以待进一步修改，使之更加完善。

目 录

第一章　小学道德与法治的教育及教学主题

第一节　小学道德与法治的教育

一、道德教育与法治教育课程

（一）道德教育课程

道德教育是道德活动的重要形式之一，是指一定社会和团体为使人们自觉遵守正确的道德行为准则，履行组织和个人的相应义务，而有组织、有目的开展的系统道德教育活动。道德教育是一定社会和团体的基本道德要求，它是转化为人们内在品质的重要条件之一。小学道德教育是指为保证学生能够通过社会道德转化为个人的道德品质，其培养目标为：①培养学生初步形成爱祖国、爱劳动、爱人民、爱社会主义的思想感情和良好品德；②培养学生形成好的意志、品格和开朗活泼的性格；③培养学生形成文明的、遵守社会公德的行为和意志；④培养学生形成管理自己、帮助别人、为集体服务和辨别是非的能力。通过这些方面，最终使他们奠定良好的思想品德基础，成为德智体美劳全面发展的社会主义事业建设者和接班人。做好小学道德教育课程，需要从以下几个方面入手：

1. 培养学生良好的道德修养

从塑造学生良好的行为习惯入手，培养学生良好的道德修养。行为反映了一个学生内在的思想价值观念，在对小学生进行道德教育时，可以从塑造他们的行为入手。学生在模仿一些符合良好道德观念的行为时，教师和家长可以给学生以积极的肯定，通过表扬的方式强化他们对这种行为的重复性。在整个大环境价值观多元的现状下，很多家长在道德素养方面也存在很多偏差，虽然很多孩子在学校受到了很好的教育和熏陶，可是回到家里又变回了另外的样子。这就提示每一位教师在教育的过程中要征得家长的同意，让家长参与到对孩子的道德教育活动中来。让家长从自身做起，做好学生的榜样，进而从学生的行为塑造入手，扎实地将德育工作开展下去。

虽然很多家长的道德修养没有问题，但家长在孩子道德方面的教育能力欠缺，导致小学生思想道德教育工作很难开展。这就需要教师给学生讲道理，进行耐心细致的教育和引导，要理解学生的心情，尊重他们的人格，营造一个平等、民主、和谐的氛围。无论是在学校，还是在家庭中，学生都能够得到正确且良好的行为熏陶。家长和教师都能够通过言传身教的方式给学生以积极的引导，这对学生的成长是非常有利的，而且这对我国基础教育中道德教育效果的提升也是非常必要的。

2. 培养学生高尚的思想道德素质

通过集体主义教育的形式培养学生的思想道德素质。在班集体的生活中，小学生难免会在与同学相处的过程当中遇到问题。这些问题的出现主要是由于小学生年龄尚小，缺乏与人交往的技巧和经验，而且有的小学生在家庭当中处于中心位置，他们心中以自我为中心的程度更高一些，这样的学生很容易被其他同学孤立，很容易在心理方面出现一些波动，因此教师要密切关注这些学生的情绪表现，及时对学生进行心理疏导，让学生意识到在集体生活中既要尊重自己，也要尊重他人；既要为自己的利益着想，也要为他人的利益着想。大家互相关心，集体才会更加温暖。这样当学生遇到一些事情的时候，他们才会有改变的动力。在平时，要密切关注学生，根据实际情况，及时进行一些思想方面的教育干预。

3. 形成正确的思想价值观念

引导学生学会自我分析，进而形成自己正确的思想价值观念。由于小学生年龄小，自我控制能力差，所以教师要多注意在教育过程中培养学生的自我教育能力。有时学生不知道哪些事是该做的，哪些事是不该做的。即便知道，往往又不会控制自己。因此，在与学生的互动中，教师要引导学生去觉察自己内在的想法。尤其当发现有一些情绪波动的时候，更是一个觉察自己想法的好机会。在心理学中，认知主义学派认为，人们在遇到相同事情的时候，之所以会出现完全不同的情绪和行为反应，主要是因为人们对同样一个情境的解释和看法不同。因此，教师在与学生互动的时候，要特别注意引导学生去觉察自己的想法，通过纠正想法当中的一些不合理之处，帮助学生建立合理的信念，从而使得他们的行为得以塑造，情绪得以调整，道德修养得以提升。

总之，在小学生当中开展道德教育活动，要充分整合资源，将社会和家庭的力量联合起来。教师在与学生互动中，要从学生的认知特点入手、采取适合他们的方法开展教育活动，及时了解学生的思想动向，引导他们去觉察自己的思想观念，让学生逐渐学会自省，从而自觉地遵守道德规范。

（二）法治教育课程

法治教育建立在法律的思想体系上，为了让人们形成相应的法治观点和法律信仰，养成一定的法律习惯，国家和社会要有组织、有计划、有目的地开展和进行。通常，法治教育就是指社会主义的法治教育，它属于思想政治教育的重要内容之一，也是需要长久坚持才能够实现的目标。教育的最终目的是希望人们能知法、守法、学法、用法，改变有法不依、执法不严等现象。

小学法治教育就是针对小学生这个群体开展的法治教育活动，主要从小学生的养成习惯、法律常识、遵纪守法等方面进行教育，使小学生形成一定的法律素养，掌握一定的法律观念。小学法治教育主要还是要结合小学生这个实际特殊的身份，找到适合小学生接受的教育方法，引导他们养成正确的法治观念和法律意识，培养他们的法律素养，通过开展小学法治教育，最终能让小学生成为社会主义法治的接班人，掌握基本的法律知识。小学生们的养成教育很重要，要能形成正确的荣辱价值观。小学阶段的学生在思维、行为、语言等方面还没有发育成熟，所以法治教育不能只在于形式。法治教育关乎青少年的健康成长，关于国家的未来和民族的希望。

教育本身并不是一味地去完成一项任务，而是为了让更多的人接受并掌握一定的知识并学以致用。小学法治教育的传播是为了改善环境，改变公民的观念和习惯。法治教育课程的开启是需要遵守和掌握的，应该让学生形成正确的价值观和法治观念，培养小学生道德感的基本表现，让小学生从小就明白每个人都有自己的权利和义务，每个人都是平等地生活在这个社会里，我们的机会是公正、平等的

1. 法治教育课程的特性

（1）教育对象的特殊性

小学生由于年龄的特殊性，各方面都存在一定局限性，对于概念比较抽象的规章制度暂时还无法很好地理解。由于小学生这个特殊的年龄阶段的逻辑思维较差，对于一些概念大多是依靠短期的记忆，如果不能接受系统、持续的教育，不仅对小学生而言不能起到任何作用，对于教育者而言也是一种资源流失。

随着年龄的逐渐增长，小学生接受事物的能力逐渐增强，他们的理解能力也越来越强。小学生还处于一种自控力不是很强的年龄段，他们的意志力和注意力都容易受到外界的干扰，他们对于自己感兴趣的东西会加强关注，对不喜欢的事物会很排斥，而且他们的思想容易产生波动，情绪不稳定，一旦他们与同学之间或者与他人相处时发生了不愉快，会很容易发生摩擦，甚至无意识地产生不良后果。小学阶段的惯性模仿意识强烈，现在的网络媒体传播迅速，如果不能加以监管和正确引导，会给他们带来很大干扰。当遇到困难时，他们也会将教师当成首先信赖的对象，希望从教师那里寻求到安慰和鼓励。此外，随着年龄的增长，小学生的自尊心也越加强烈，更希望得到对方的信任和尊重，并逐渐形成

自我价值意识，开始学着规范自身的行为习惯，开始尝试着去评价周围同学、朋友等其他人的行为。由于小学生各方面都处于一种不稳定的学习阶段，因此他们这个群体才更加具有可塑性，注重小学法治教育是更应该关注的话题。

（2）教育内容的独特性

不同于中学生和大学生，小学生大多是第一次步入系统性教学环境中，所以对小学生开展的法治教育主要还是让他们能熟知常用的法律常识，形成正确的法律观念和意识。

针对小学生这个特殊的群体，结合实际生活开展相应的法治教育，让法治教育走进生活、走进校园、走进课堂，适合小学生这个特殊的群体，让他们能够理解并且接受教育，在教育的方式上多采用一些形象、生动的案例和生活场景。增加一些法治小活动，让学生参与其中，增强其自我法治意识，帮助他们积极地学习法治内容并且能够在今后的生活、学习中学以致用。

2. 法治教育课程的原则与目标

（1）法治教育课程的原则

①以素质教育为主的原则。在我国，考试是检测教育最直接的方式。小学阶段是接受素质教育的最佳时期，这个年龄段的孩子具有很强的好奇心和接受事物的能力。小学教育是最基础的教育，小学生在这个时候接受法治教育，不仅能够提高自身的综合素质，也能够为日后的素质教育打下坚实的基础。在给小学生传输教育时，一定要注重教学方法，切不可使教育内容变得枯燥无味抑或是不易理解，这样不仅不能让小学法治教育发挥其应有的效果，而且，会让小学生对法治教育产生排斥心理，日后再开展法治教育会变得更加困难。

②理论联系实际的原则。如果只注重教授知识而不注重实践，那么法治教育便是徒劳无功的。我们教育工作者不仅要热情地教授小学生相应的法律基本理念、基本的法律常识，还要有足够的耐心教会他们将在学校里学会的东西很好地运用到现实生活中，耐心地教育他们在维护自身合法权利的同时，还能够帮助更多人解决实际问题，让小学生从小就有法律意识，知道只有遵守法律秩序，我们的生活才能正常运转，培养小学生主动学法、愿意学法的兴趣，这样的教育方法得以推广才更加有意义。

③坚持针对性与系统性的原则。当前，我国小学教育的年制设定为六年制，小学生毕业时的年纪大多都在12周岁左右。而在小学阶段的低年级和高年级也有很多区别性，在这些不同年龄、不同年级的小学生中，如何接受适合自身的法治教育也是关键性的问题。由于接受能力和理解、认知存在着不同，教育者在教育中要因材施教，要有针对性地根据不同的教育对象适当地调整教学方法，力求让小学生尽可能地适应并接受我们的法治教育

方式，让法治教育在小学阶段能有一个良好的基础。

任何工作都需要完整的、系统的规划。小学法治教育更应该注重系统性，要想顺利开展小学法治教育，光靠学校单方面的力量是非常薄弱的。小学法治教育也是需要学校、家庭、社会三方面的协同教育，充分利用各方面的教育资源，形成一个系统的构造，让校园内和校园外能够相互整合，使得法治教育能充分发挥它的教育功能。

（2）法治教育课程的目标

①认识国家法治经济。随着社会主义市场经济体制的发展，我国的法律体系开始慢慢建立并且逐步得到完善，让小学生逐步掌握一定法律常识，学习相关法律法规，了解作为小学生和未成年人有哪些基本权利，作为子女和学生又有哪些基本义务，作为一名中国公民该如何学会保护自己，将相关内容学以致用，具备一定的法律实践能力，也是我们一直努力的目标。

从最基础的学起，逐渐了解和认识法律法规，培养小学生的学习能力，锻炼他们的实践能力，帮助他们形成正确的价值观和人生观，让孩子从小学阶段就开始树立法律的信仰，养成良好的法律习惯，慢慢地具备客观、公平、诚信等公民意识。

②树立正确的法治观念。不同于专业的法律教育，由于小学生还处在成长阶段，总体而言，主要是让他们形成一定的法律养成教育。在小学这个特殊的年龄阶段，应该更关注学生的素质培养和人格品质的培养，让他们从最基本的习惯开始了解法律法规的意义，比如尊老爱幼、尊重师长、诚实守信等，告诉他们在小学这个阶段有哪些基本的权利和义务。长期的教育一定能让他们有相应的思维惯性，从点滴养成良好的习惯，让小学生明白自己具有光荣的使命感。

③培养学法、用法的能力。只有将学到的知识转化到实际生活中，才能体现它的最终价值。国家之所以鼓励开展小学法治教育，是为了能够让小学生具备一定法律知识，并将学到的东西灵活运用，最终可以通过他们来改善我们的国家和未来。让小学生真正地学习理解教师所传授的知识，希望他们在日后的生活、工作中具备解决法律相关问题的能力，即使不在课堂上，在课堂外也能够做到遵纪守法。遇到危险和困难时，能够学会用法律武器保护自身利益，能够在别人需要帮助的时候伸张正义，能够自己主动去学习法律知识，让法治教育真正地围绕在每个人身边，能够帮助别人并且带来切实的好处。

（3）法治教育课程的转向

①法治教育对人塑造功能的转向

由注重法治教育对社会的管理功能转向注重法治教育对人的塑造功能。目前，小学法治教育开展的价值导向大都是从教育管理者的角度出发，以减少少年违法行为的主要目的对小学生进行安全教育等，更加强调和宣传法的震慑作用、警示作用，在法治教育课程中，在发挥法律的惩戒功能的同时，应该更加注重发挥法治对小学生发展的塑造功能，帮助小学生更好地形成公平、正义、民主、自由、权利等价值观，也只有在小学生不断的塑造过程中才可能真正实现社会的法治与良治。值得注意的是，法治教育开展和实施的组织者大都是管理者的身份和角色，这些组织者只有深刻认识到法治教育对人格发展的重要意义和价值，才能从根本上转变目前小学生法治教育重管理、轻塑造的价值取向。

②学生法治观念和法律精神培育的转向

由注重小学生法律知识的获得转向注重小学生法治观念和法律精神的培育。目前，小学生法治教育开展的内容更多的是注重小学生法律知识的获得，许多地区和学校都以开展法律知识竞赛活动作为法治教育的重头戏。在课堂上，教师也更愿意去传授一些法律知识，让学生懂法、知法。

小学生懂法和知法固然是必要的，但小学生法治观念和法律精神的培育更加重要。因此要努力让小学生懂得法的重大意义，内心形成法律信仰，做人做事具备法律品格和法律思维。小学生应不限于学习和记忆法律条文、概念，而应明白法律的内涵要义，并关注法律规范承载的价值理念。为了增强小学生依法规范自身行为、分辨是非、运用法律维护自身权益、通过法律途径参与国家和社会生活的意识和能力，践行法治理念，树立法治信仰，引导小学生参与法治实践，形成对社会主义法治道路的价值认同、制度认同，成为社会主义法治的忠实崇尚者、自觉遵守者、坚定捍卫者，在教材内容的编制、课程的设置、活动开展的内容上，教师要精心设计。

③课程活动多元化的转向

由注重课堂、讲座、报告转向注重活动、项目、实践。开展多元化、活动式、体验式的教育方式是小学生法治教育的生命力之所在。要贴近小学生生活实际，科学安排教学内容，合理确定教学重点和方法，注重知行统一，要更多采取实践式、体验式、参与式等教学方式，与法治事件、现实案例、常见法律问题紧密结合，注重内容的鲜活，注重学生的参与、互动、思辨以及创新形式，切实提高法治教育的质量和实效。要综合采用故事教学、情景模拟（如法庭模拟）、角色扮演、案例研讨、法治辩论、价值辨析等多种教学方法，必要时，可根据学生的认知特点，将真实法治案例引入课堂教学，注重学生法治思维能力的培养：有条件的学校要充分利用信息技术手段，将多种法治教育资源、形式予以整合、提升，形成以学习者为中心的教育环境，引导学生自主学习，培养学生学习法律的兴趣。

在法治教育中要注重发挥学生的主体作用。要根据学生实际，引导、支持学生自主制定规则、公约等，逐步培养学生参与群体生活、自主管理、民主协商的能力，养成按规则办事的习惯，引导学生在学校生活的实践中感受法治的力量，培养法治的观念。另外，要积极支持学生组建法治兴趣小组、法治实践社团等，并加以正确引导，使学生以适当方式研究法治问题、参与法治实践。

④注重师资培养的转向

由注重师资配备转向注重师资培养。校内法治教育的落实最终还要依靠教师，法治教育教师的专业水平直接决定和影响了小学生法治教育的教育质量。法治教育教师自身的法律知识培训以及开展的自主的教学研究都是至关重要的。学校要切实重视法治教育教师的专业发展问题，而不是仅仅满足配备了道德与法治课程的教师，要逐步解决道德与法治课程教师兼任其他科目或其他行政工作的现象，切实保证道德与法治授课教师的教学时间、教学质量及专业化水平。同时，学校要完善法治教育的培训制度，形成系统的法治教师培训计划，开展骨干教师法治教育专题培训等，提高法治教师课堂讲授、组织法律实践活动的专业能力，并尽可能为教师提供校外的机会和资源以加强他们的专业发展。

需要强调的是，教师也起到了联系家庭、其他学校以及社会其他资源的纽带作用，因此，需要在开展校外小学生法治教育活动上，加强校际教师协作，注重教师与法院、社区等机构的合作，让法治教育教师在丰富的教学实践活动中成长起来。

二、道德教育与法治教育的融合

（一）道德教育与法治教育融合的联系与互补

1. 道德教育与法治教育的联系

对国家社会治理而言，道德与法律相得益彰，德治与法治珠联璧合，缺一不可，道德无法解决的问题，就需要法律来规范；法律无法管到的地方，就要依靠道德去添补。对个人而言，德润心灵，法护成长，一个好公民既要有高尚的道德情操，又要具备遵法、守法的法治精神。道德教育与法治教育的关系主要表现如下。

（1）道德教育与法治教育的内在一致性

在教育目的上，道德与法治具有内在的一致性，都是共同提升公民素养。道德教育侧重培养有德行的人，更多的是提升人的精神境界，而法治教育侧重培养懂法、守法、具备法治精神的公民。道德与法治充分体现了以德治国与以法治国的思想。其课程重在结合法治教育长期薄弱的现状，适度加强渗透法治教育内容。例如，在《道德与法治》六年级上册专册教材中设置“我们的守护者”“我们是公民”“我们的国家机构”“法律保护我们健康成长”四个单元与专题，旨在教育学生做一个知法守法，依法维权，富有宪法意识、法治精神的公民。

（2）道德教育间接提升法治教育效果

进行法治教育必须从道德教育入手，道德可以间接提升法治的效果。首先，道德是最高的法律，社会主义立法之基础是社会主义道德，从道德教育入手，从思想入手，学生才会乐于学法、知法、懂法，乃至学会用法。其次，法律是制度化的道德，从道德教育入手，提高学生正确的思想认识，才能使学生在生活实践中增强法治意识，形成守法自觉。在道德与法治教学中，教师一定要重视法律背后的精神，只要不断提高学生的思想道德水平，必然会增强学生的法治观念，进而使法治教育收到实质性效果。最后，法律是最基本的道德。法律对于道德规范可施以强制力的约束，是“道德教育家”。由于法治教育可以为道德教育提供间接的教育功能，因此，教师在使用《道德与法治》新教材时，如果能将道德教育贯穿于法治教育当中，那么在增强学生法治意识、提高学生法治观念的同时，必定会大幅度提高学生的道德水平。

2. 道德教育与法治教育的互补

长期以来，学校对少年儿童的行为教育大都强调道德教育，而弱化或忽视法治教育，这是学校德育工作的一个缺憾。《关于加强青少年学生法治教育工作的若干意见》明确提出法治教育与思想政治教育相结合的指导思想。《青少年法治教育大纲》提出把法治教育融入学校教育的各个阶段，引导青少年参与法治实践。其中，小学阶段要着重普及宪法常识，培育学生遵纪守法的意识和养成遵纪守法的行为习惯。统编《道德与法治》教材开宗明义地指出，将法治教育与道德教育相融合是为青少年儿童学生的成长保驾护航，让其在德治与法治的环境下健康成长。道德教育与法治教育的互补性主要表现如下：

（1）道德层次性需要与法律普遍性要求的互补

道德是具有层次性的规范体系。在现实生活中，先公后私属较高层次的道德，大公无私属最高层次的道德，公私兼顾是属可以接受的道德。在私德领域，针对一切人的道德标准，而法律作为一种社会规范，它具有一个显著特征，即普遍性，可以在客观上保障法律不必因地因事因人而不同。为此，在道德与法治课程的实施中，教师要将道德的层次性与法律的普遍性结合起来，相得益彰地促进少年儿童的人格完满和社会的精神完善。

（2）道德自律与法律他律的互补

道德之所以称为道德，是因为人的行为发自内心，也就是道德是心灵秩序的看护者。构成道德行为的根本条件是内心的自律。法律与道德不同。法律是由国家强制力保证实施的行为规范，只有借助经过国家意志的他律，才能产生社会功效。法律这种外在的“他律”，通过长期的法治教育，一旦法律主体具有法律意识、法律信仰，以及深刻的道德认同感，那么，法律外在的他律就会转化为知法、遵法、守法的自律了。道德自律与法律他律是少年儿童行为外在调整与内在调整的有机统一，两者具有互补性。因此，在小学道德与法治教学中，教师要将法治教育与道德教育有机结合，从而达到道德与法治的教育目的。

（二）道德教育与法治教育的融合路径

法律和道德既不是分离关系，也不是包容关系，而是一种各自独立、双向互动、相互交叉的互补关系。小学道德与法治将德行和法治作为课程的两个核心元素，以及课程的两大支点。该课程在实施时既要注重学生德行的建构，让他们拥有正向的思想道德价值，又要培育守法观念，帮助学生自觉形成守法意识。因此，道德教育与法治教育的融合既不是两者的简单派对，也不是一个简单的你轻我重的关系问题，而是两者的有机结合。道德教育与法治教育的融合路径具体如下。

1. 道德教育与法治教育共同点相融合

抓住教材中既是道德教育又是法治教育内容的共同点进行融合，具体如下：

（1）挖掘教材中道德与法治各自的教育点，强化两者的双向渗透

教材是发展学生的媒介，教师要充分理解教材，了解教材编排的宗旨和体系，充分挖掘并找准教材中德与法的教育点，相互融合。例如，一年级《上学路上》一课，教师可以结合教材所列举的上学路上遇到的诸多情况，渗透融合道德教育与法治教育，因为“上学路上”这一生活场景不仅会涉及交通规则内容，还会涉及家长、教师及其他人的帮助与关心。交通规则的内容属于法治教育点，涉及家长、教师及其他人的帮助的内容属于道德教育点，两种教育可相互渗透、适时融合。

（2）强化教材的拓展与延伸，促进教学资源的整合

小学《道德与法治》教材重要的道德学习方式是向生活学习，教材具有很强的实践性特点，大部分内容都与学生的生活紧密相关。因此，在教学时，教师要以教材内容为蓝本，还要善于整合课外资源，对教材进行拓展与延伸，扩大教学的覆盖面积，增强教学效果。

（3）不能整合的主题不做机械的整合

在小学《道德与法治》中，对于一些仅渗透道德教育点且无法体现法治教育点的课文，教师不能机械地在其中融合法治教育。同样，对于一些仅渗透法治教育点而无法体现道德教育点的课文，教师不能机械地将道德教育融入其中。此外，还需注意的是，课程名称从“品德与生活（社会）”改成“道德与法治”并不意味着所有课文都要有道德教育与法治教育，因为其整体性是体现在整套教材之中的。

2. 教学活动与生活常态相融合

打破常规的文化课程的教学方式，将教学活动与生活常态相融合。生活性是道德与法治课程建构与实施的基础。道德与法治的课程理念贴近儿童的现实生活，不仅仅关注道德生活，还关注整体的生活，其教学方式是教学同步、教学合一的。在课程实施中，教师要打破常规，创新教学方式与方法，将教学活动与学生生活常态紧密结合，形成生活化的教学模式。

（1）将生活元素渗入课堂教学中，激发学生的学习兴趣

教师可凭借道德与法治课程中的主题活动，巧妙补充小学生感兴趣的生活情境，将生活场景再现，让学生在教师的指导下体验、感悟生活，使学生立足生活，深刻理解道德与法治知识与教育的要点。采用这样的教学方式，把生活元素整合到课程中去，让学生主动理解与表达，能够有效提高生活化教学的效果。

（2）积极创设生活化的学习情境，激励学生的学习热情

小学道德与法治内容大多源于学生的日常生活，教师在讲这些内容时，可把生活背景搬到课堂上，并予以情景模拟演示，在各种近似真实的情境中将生活场景再现，调动学生的学习热情，吸引学生主动参与、体验与感悟，激活学生的学习动力。这种情境教学方式一方面深化了学生对知识点的理解；另一方面丰富了学生的道德认知，提升了学生的道德品质。

（3）重视生活化作业的优化布置，激活学生的学习动力

小学道德与法治课作业设计仍是教学过程的重要环节。在完成课堂教学之后，教师可以布置一些行为性的作业，让学生回归现实生活，运用所学知识在实践活动中去探索发现、践行感知，从而实现学以致用的目的。这样既能使学生深化对知识的理解，又能不断激活他们的学习动力，同时还能增强他们的动手能力、合作能力、创新能力。

总之，小学道德与法治是一门富有魅力的课程，既是德育课程，也是综合课程，旨在实现道德教育与法治教育的内在融合。

第二节 道德与法治课程的教学主题

一、个人发展教育主题

（一）个人发展教育主题的内容

道德与法治的个性品质教育主题由《义务教育品德与生活课程标准》《义务教育品德

与社会课程标准》和《青少年法治教育大纲》所确定。

《义务教育品德与生活课程标准》的四个方面内容全面贯穿个体发展教育，其中，①“健康、安全地生活”侧重个体安全卫生、健康意识与行为习惯以及新环境适应能力等教育，是现代公民文明素养在个体发展方面的重要内容；②“愉快积极地生活”侧重人际友善、情绪管理、自然意识、初步的自我认识与发展意识、初步的意志品质等教育，是现代公民文明素养在自我管理及与他人、自然关系方面的启蒙教育内容；③“负责任、有爱心地生活”以班级、家庭、家乡、公共场所、国家为内容范畴，侧重责任意识、爱心教育、环保意识、集体生活以及爱党、爱国、爱人民教育，是现代公民文明素养在责任、爱心、国家意识方面的教育内容；④“动手动脑、有创意地生活”侧重个体兴趣爱好、实践动手能力、思考探究意识方面的教育，是现代公民文明素养在创新意识、实践能力方面的教育内容。

《义务教育品德与社会课程标准》将个体发展主要集中在“我的健康成长”领域，同时，在其他领域全面贯穿，采取的是一种专门教育与全面贯穿相结合的布局方式。在“我的健康成长”领域中，课程标准规定了八条内容，分别从自我认识、自尊自爱、意志品质、诚实守信、文明礼貌、生命安全等方面开展个体健康发展教育，凸显现代公民文明素养在自我意识、人际交往、生命安全意识、健康生活方式等方面的教育。学生个体发展教育还全面贯穿在其他领域的教学主题之中，如“我的家庭生活”通过家庭亲情、生活、邻里交往等教育活动，持续强调感恩、爱心、自理、自立、友善等个体发展教育。“我们的学校生活”通过学校学习生活、同学交往、班集体活动等教育，持续强调尊重意识、友善品质、责任意识、民主平等意识等个体发展教育。“我们的社区生活”通过热爱家乡教育、了解社区公共设施设备、了解社会经济生活及劳动者等教育，持续强调尊重劳动、社会公益心、公共场所文明修养、扶弱济困有爱心等教育，这些是个体发展在公共生活中的表现。“我们的国家”通过民族团结教育、国情教育、历史文化教育，重点强调民族情感、家国情怀、文化传承、敬仰先烈等教育，这些是个体发展在民族、国家意识方面的表现。“我们共同的世界”通过认识世界、国际交往、世界文化、世界发展与问题、世界和平、人类命运共同体等教育，重点强调平等、合作、共赢、和平、发展等观念教育，这些是个体发展在世界意识培育、世界交流交往中的反映。

《青少年法治教育大纲》的许多内容也体现了个体发展教育的导向。如大纲中提出法治教育要与道德教育相结合，注重以法治精神和法律规范弘扬社会主义核心价值观，以良法善治传导正确的价值导向，把法律的约束力量、底线意识与道德教育的感化力量、提升精神紧密结合，使青少年理解法治的道德底蕴，牢固树立规则意识、诚信观念、契约精神，尊崇公序良俗，实现法治的育人功能。强调法治教育在义务教育阶段的目标是使学生初步了解公民的基本权利和义务、重要法治理念与原则，初步了解个人成长和参与社会生活必需的基本法律常识；初步树立法治意识，养成规则意识和遵法守法的行为习惯；初步具备依法维护自身权益及参与社会生活的意识和能力，为培育法治观念、树立法治信仰奠定基础。事实上，在现代社会中，尊重宪法和法律、崇尚法治与规则本身就是一种个体发展必备的内容，而在法治教育中体现出来的民主、平等、公正、诚信、善良、契约意识等是个体发展在法治社会、法治体系中的个性品质表现。

（二）个人发展教育主题的教学方法

个人发展教育主题的教学需要遵循先进引领、行为示范、理解包容、以情动人，尊重个体、个性发展等原则。传统教学方法有故事教学法、奖励法、惩罚法等，现代教学较多采用讨论教学法、体验教学法、行为示范法、案例辨析法、美文赏析法等。在传统教学方法中，故事教学法是个体发展的一种古老而经典的教学方法，它通过生动的人物角色塑造，引导学生感受真善美和假恶丑等不同的道德形象，追求真善美。在强调生活教育的当下，故事教学法不应被抛弃，甚至可以通过多媒体，使故事教学法更加直观生动。

传统的奖励教学法是促进学生个体发展的有效方法，而且这种奖励的积极效应体现在学生发展的多个方面，但现今的奖励法过多地表现在教师课堂上即时的、随性的口号上，需要注意的是，即便是口头表扬与激励，用语和方式也需要走心，思考如何将奖励效果最大化。

二、家庭教育主题

家庭是社会的细胞，是个人成长的第一所学校，也是个体人格、品性、思想道德发展的终身学校，深刻影响着一个人的行为习惯、个性心理品质、价值观念和思想道德行为；同时，家风、家训、家教、亲情、和睦邻里等也是中国特有的传统文化根脉，是烙印中国文化底色、培育家国情怀的恒久基地。由此，道德与法治将“我的家庭生活”列入专门的教学主题内容，内涵丰富，意义深远。

以社会生活为基础是道德与法治课程建构与教学思路的主线，家庭生活是其中重要的组成部分，由小学低年段、中高年段形成螺旋递进的家庭教育内容层次格局。在小学低年段，将家庭教育主题融入日常生活之中，突出尊重父母长辈、感恩、健康安全的家庭生活及行为习惯、力所能及的家务劳动等主题教育；在小学中高年段，家庭教育以专门领域、主题呈现，在承接、持续加强低年段家庭教育主题的基础上，扩展家庭关系认识、家庭矛盾理解和调节家庭经济生活等内容，初步将家庭教育引向其作为社会细胞的认识视角，进一步促进学生的社会性发展。

《义务教育品德与生活课程标准》有关家庭教育的内容主题明确的有两条：第一，“爱护家庭和公共环境卫生”；第二，“爱父母长辈，体贴家人，主动分担力所能及的家务劳动”。相关联的有按时作息，生活有规律；养成良好的饮食和个人卫生习惯；生活中自己能做的事情自己做；知道初步的保健常识并在生活中运用；了解天气、季节变化对生活的影响，学会照顾自己；在成人的帮助下能较快化解自己的消极情绪；做事认真负责，有始有终，不拖拉等。

《义务教育品德与社会课程标准》有专门的领域表达，共五条课程标准内容。这些内容除了持续强化品德与生活相关的教育内容，还增加了邻里关系、家庭经济生活、家庭关系处理等内容，扩展了家庭教育的社会性，更加丰富了家庭教育作为社会细胞存在的教育内涵。《青少年法治教育大纲》（教政法〔2016〕13号）中对家庭教育主题的表述分为总体内容和分学段的教学内容与要求两个部分，其中，总体内容要求结合青少年与家庭、学校、社会、国家的关系，分阶段、分系统安排公民基本权利和义务、家庭关系、社会活动、公共生活、行政管理、司法制度、国家机构等领域的主要法律法规以及我国签署加入的重要国际公约的核心内容；在分学段内容中，小学一至二年级要求初步建立对家庭关系的法律认识，其他阶段没有明确的内容要求。这里的家庭关系的法律认识主要体现在宪法对公民基本权利与基本义务的规定、未成年人保护法、预防未成年人犯罪法、民法总则等法律法规中有关家庭成员、家庭关系的规定。显然，《青少年法治教育大纲》着重从法律对家庭关系规范的角度提出教育要求，使学生初步了解家庭关系的法律常识，初步知道维护家庭的权利能力和行为能力，增强学生的法治意识。

三、学校教育主题

学校是人生成长打基础的阶段，也是学生通向社会的阶梯、对学生的思想道德、人格品性、身心健康、知识技能、社会性发展有着终身的重要影响。道德与法治课程之所以设置学校教育主题专门内容，不仅是为了规范学生有序的学校生活，而且通过学校“小社会”的教育，促进学生社会性的健康发展。

（一）学校教育主题的内容

学校教育主题是道德与法治课程的重要内容，贯穿课程“三标一纲”内容体系之中。小学低年段品德与生活的学校教育主题全面渗透在课程内容标准的四个方面，是品德与生活内容构成的主干，主要目的是教育引导学生主动适应并积极参与学校的学习生活，帮助学生顺利实现幼小衔接。就具体内容标准而言，相对直接涉及学校教育主题的内容如下：

（1）健康安全地生活。其中包括：按时作息，生活有规律；在学校里情绪稳定，心情愉快；熟悉学校环境，能利用学校中的卫生保健设施。

（2）愉快积极地生活。其中包括：喜欢和同学、教师交往，高兴地学，愉快地玩；在成人的帮助下，能较快化解自己的消极情绪；能看到自己的成长和进步，并为此而高兴；在成人的引导下，学会正确对待自己的学习成绩；在成人的帮助下，能定出自己可行的目标，并努力去实现；能欣赏自己和别人的优点与长处，并以此激励自己不断进步；在学习与生活中遇到问题时，愿意想办法解决；敢于尝试有一定难度的任务或活动。

（3）负责任、有爱心地生活。其中包括：做事认真负责，有始有终，不拖拉；关心他人，关爱同伴，乐于分享与合作；能认真完成自己承担的任务；能初步分辨是非，做了错事勇于承认和改正，诚实不说谎；喜欢集体生活，爱护班级荣誉。

（4）动手动脑、有创意地生活。其中包括：喜欢提问和探寻问题的答案；学习用观察、比较、调查等方法进行简单的生活和社会探究活动；能与同伴交流、分享、反思探究的过程或成果；能对问题提出自己的想法与看法；学习利用图书、电视、网络等多种方法搜集需要的资料；在成人的帮助下，能总结、提升获得的经验或信息。

上述内容涉及学生在学校的道德品质、安全、心理、学习、师生交往等方面，教育内容注重行为细节，适合低年段学生的认知特点和规律。丰富的学校教育主题有助于儿童全面了解和适应学校生活，为他们的社会化进程打下良好的基础。

小学中高年段的品德与社会课程标准相较品德与生活课程标准有所不同，学校教育主题大为缩减，并且以专题领域的形式出现。这样布局的原因是小学低年段学校教育主题已经非常充分，同时，中高年段课程还需容纳个人发展、家庭教育、社会教育、国家教育、世界教育等广泛的内容，必须有所取舍和选择。就具体内容而言，品德与社会课程涉及学校教育主题的内容主要集中在我们的学校生活专题领域，共七条内容，包含了学校方位、学校部门与工作人员、学习态度与方法、同学交往、集体教育、班规校纪、班级组织。很显然，品德与社会课程中的学校教育主题有一定理性和高度的提炼与归纳，并突出强调学校生活的观念态度、规矩等意识教育，这是对品德与生活课程学校教育主题的合理提升。

（二）学校教育主题的教学策略

学校教育主题的教学策略除了要遵循道德与法治课程常用的教学方式方法，关键还要充分发挥自身优势，利用学校环境和资源结合学生成长实际和需要，因地制宜，就地取材，有针对性地开展教育教学活动。

1. 开发运用校本资源是重要基础

这个资源包括学校发展历史、标志性发展事件、代表性人物、重大教育教学成果等，把这些资源与“三标一纲”《义务教育品德与生活课程标准》《义务教育品德与社会课程标准》《义务教育思想品德课程标准》和《青少年法治教育大纲》及教材课文的内容整合起来，建构适应学校学生实际需要的新的教学内容体系，实现教学资源的校本化再开发、再构造。一些教师将校长、其他学科教师、校工人员等请进道德与法治课堂，参与教育教学活动，就是很好的创意创新。

2. 结合学生发展实际

充分研究学生，紧密结合学生发展实际和需要是根本立足点，牢固确立学生才是学校教育主题教学的第一作用对象的人本立场和理念。一般学校教育主题教学要求有学情分析，实施学校教育主题，建议增加“校情分析”，还可以事先指导学生做好校内问卷调查、访谈、观察等活动记录，用作教学的第一手资料。这项活动不仅可以为学校教育主题教学服务，还可以在确保安全的前提下，培育学生的社会实践能力。

3. 扩大教学场域和视野

扩大教学场域和视野既要依纲扣本，又要走出课本，走出课堂，把学校作为大课堂。有些学校的教育主题教学不必在课室里进行，而是可以直接搬到学校相应的场所。如“认识我们的学校”就可以用参观学校场所设备的方式进行；又如“教师节的活动”可直接连接学校开展的相关活动进行，教师在课堂教学中直接开展展示活动成果、体验活动收获即可，不必坐而论道；再如“我加入了少先队”可以直接和少先队活动课相连。道德与法治课程教学还可以与学校开展的国庆节、科技节、艺术节、体育节、文明礼貌月、环保周以及传统节日庆典等一体实施，这是增强道德与法治课程生活性、社会性最好的途径，当然，这需要学校重视道德与法治课程，将其与学校德育工作整体规划、统筹实施。

4. 制订学生思想和行为教育方案

制订长期跟踪、指导学生思想和行为的教育方案，全过程指导学生的发展，使道德与法治课程教学不局限于一课、一师、一教材，真正达到促进学生持续、长远、有效、生活化发展的目的。

四、国家教育主题

国家教育主题是道德与法治课程内容的重要组成部分，是道德与法治课程育人的高地。无论是从贯彻国家意志，培养国家认同、家国情怀等爱国主义思想的角度，还是从教育社会性的上层建筑原理的角度，抑或是学生个体成长价值的角度，国家教育主题都是学校教育至高无上的重点内容。

（一）国家教育主题的内容

国家教育主题作为道德与法治的重要内容和学生社会性发展的高地，贯穿课程教学的各个阶段，“三标一纲”均重点将其体现了出来。

在小学低年段，《义务教育品德与生活课程标准》目标明确提出要为其成为爱祖国、爱人民、爱劳动、爱科学、爱社会主义的公民打下基础；爱家乡、爱祖国；初步了解有关祖国的知识，直接涉及国家教育主题的内容标准共三条：①了解家乡的风景名胜、主要物产等有关知识，感受家乡的发展变化；②热爱革命领袖，了解英雄模范人物的光荣事迹；③尊敬国旗、国徽，学唱国歌，为自己是中国人感到自豪。这三条国家教育主题具有直观性、可感性特点，重点是对小学生进行初步的国家印象、知识和爱国情感教育。

在小学中高年段，国家教育主题贯穿在六大领域之中，重点反映在我们的国家专题之中，涵盖国家领土、疆域、民族与文化、自然环境、名胜古迹、自然灾害、工农业生产、交通运输、信息化与互联网、中国公民与宪法和法律常识教育等。从小学低年段至中高年段，国家教育主题跨度较大，内涵提升较多，囊括了国家自然面貌、历史文化、现代经济、交通运输、网络通信、科学技术、政治、法律等广泛的内容题材，尽管内容难度不会很大，但由于小学道德与法治教师基本上为兼职，有同类教育背景的教师较少，多种主题内容汇聚在一起，落在教师的教学任务之中，难度还是比较大的。科学规划国家教育主题的内容布局，加强道德与法治教师国家教育主题的培训和指导，是道德与法治课程教学困境的重要突破口。

（二）国家教育主题的教学策略

国家教育主题的教学除了要遵循道德与法治一般的教学方法和策略，还需要重点考虑该主题相对抽象的特点，着力解决教学中人云亦云、毫无个性、形同嚼蜡的空心化教育问题。可以尝试包括信息化、实地考察、问卷调查等综合实践方式，使国家教育主题更接地气，更有生活气息，更能直观感受。还有以下方面的策略：

1. 加强教师的专业培训和学习，充实和丰富教师关于国家主题教育的相关知识，弥补教师专业素养与本课程国家教育主题宽领域、大纵身之间的落差，确保教学内容选材、表达、提炼的正确性、精准性。

2. 注重与信息技术深度融合，充分运用现代多媒体和互联网技术，增强教学的直观性、可感性，拉近国家教育主题与学生生活的距离，并使之形象化、具体化。

3. 加强教学资源整合，紧密结合时事政治，及时接入重大时事题材素材，使教学具有鲜明的时代气息。

4. 充分利用和发挥学生已有的有关国家主题的经验和认知体会，从学生生活经验出发，调动学生学习的主动性。在现代生活条件下，很多学生，即便是乡村的留守儿童，也有随父母、家人或学校组织的活动，通过网络信息、旅游、走亲访友等方式跨区域了解祖国不同地区风貌的经历，初步建立起关于国家地理、人文文化、经济社会发展成就等零碎的观感和认知，这是很好的教育材料和基础。

五、世界教育主题

以全球经济一体化、互联网信息互通迅捷化为特征的全球格局，使得地球村更加紧密地联系在一起，因此培育国民世界意识、世界胸怀是教育的时代使命。构建人类命运共同体成为划时代的世界发展主题，建设一个友善、互助、和平、发展的世界体系利在当代，功在千秋，需要每个人的积极参与。世界教育主题是道德与法治逐步扩展的六大教育领域最宽阔的内容主题，彰显了个体社会性发展的时代格局和视野，是个体面向世界学习发展的重要基础，也是本课程世界眼光的重要体现。

（一）世界教育主题的内容

在“三标一纲”中，除《义务教育品德与生活课程标准》没有明确的世界教育主题内容，其他三个文件都有较为明确的内容要求。

《义务教育品德与社会课程标准》在课程目标中明确提出尊重不同国家和民族的文化差异，初步形成开放的国际视野，要求初步了解影响世界历史发展的一些重要事件，知道不同环境下人们有不同的生活方式和风俗习惯，懂得不同民族、国家和地区之间相互尊重、和睦相处的重要意义。同时，在课程内容标准中开设“我们共同的世界”专题，从世界地理面貌，不同国家、地区、民族的生活习俗，世界文化，世界经济往来，人类科学技术发展，世界生态环境，国际组织和国际公约，和平与发展八个方面建构小学中高年段世界教育主题内容体系。小学中高年级世界教育主题呈现基础性、初步性和观念性的基本特征，其意图并非要求学生系统地、具体地掌握世界知识，而是要求学生通过初步了解世界，培育学习世界的意愿、开放的世界视野、包容的世界情怀、关心世界的情感、参与世界的愿望等。这些可以看作学生世界意识的基础性培育，也能够为他们在中学阶段的道德与法治、地理、历史等学科的学习奠定基础。

《义务教育思想品德课程标准》在课程目标中要求培育学生“全球意识和国际视野，热爱和平”“初步了解当今世界的发展现状与趋势”，并将世界教育主题列入“我与国家和社会”的“认识国情，爱我中华”专题。具体内容主要有三条：①了解文化的多样性和丰富性，尊重不同的文化和习俗，以平等的态度与其他民族和国家的人民友好交往；②了解当今世界的发展趋势，知道我国在世界格局中的地位、作用和面临的机遇与挑战，增强忧患意识；③认识树立全球观念的重要性，增强为世界和平与发展做贡献的意识和愿望。

（二）世界教育主题的教学策略

世界教育主题的内容主要聚焦在世界地理、人口、民俗风情、交往交流、环境生态等基本面貌、概况和问题方面。把握世界教育主题，关键有两种策略：一是除了沿用道德与法治一般的教学策略和方法，还必须考虑该主题教学远离学生实际生活的特点，充分发挥信息化教学优势开展教学活动；二是要教育学生有世界视野，教师必先要有世界视野，这一点特别重要，需要强化。

教师培育世界视野的途径不是只有环游世界这一种方法，通过观看影视节目、阅读有关国外的书刊和信息资料、关注国外的新闻动态等都是很好、很有效的途径。可以在三个方面增强教学的全球眼界：一是合理、合法、恰当引用有关国外的案例素材进行教学；二是与国际理解教育结合起来，开展相关专题教育活动；三是结合国际性节日、纪念日，如地球日、水日、粮食日、和平日等，以及专项国际性活动，如奥运会、地球一小时等，组织学生积极参与，培育学生人类命运共同体意识和情感。

第二章　道德与法治课程的教学体系构建

第一节　道德与法治课程的教学目标

一、教学目标的含义及功能

（一）教学目标的含义及层次

1. 教学目标的含义

教学目标是教学活动施行的方向和预期达到的效果，是所有教学活动的出发点和最终归宿。教学目标强调了由学习活动所引发的，学生在学习前后的变化，当完成一段时间的学习后，学生能够做些什么，应该掌握什么，或能够具备哪些特征和能力。简单来说，教学目标就是关于教学将使学生产生何种变化的具体表述，是指在教学活动中期望收获的可测量的学生的学习效果。

2. 教学目标的层次

关于教育教学方面的目标，由于层次不同，可以分为教育目的、教育目标、课程目标及教学目标等。

教育目的是社会培养人的总要求，是依据一定社会的经济、政治、文化、科技发展水平要求和受教育者身心发展规律和状况确定的。它反映了一个国家或一定社会对培养人的方向的指导性要求，往往体现在宪法、教育基本法以及国家的教育方针之中。教育目的的实质是“培养什么样的人”，表达了一定社会终极的教育价值，是教育工作的出发点和最终目标，指导着各级各类教育活动。我国现阶段的教育目的是培养德、智、体、美、劳全面发展的社会主义事业的建设者和接班人。

教育目标是培养人的方向和规格，是对教育目的的具体化，体现的是对不同性质和不同阶段教育的要求，又称各级各类学校的“培养目标”。如我国现阶段的小学教育目标旨在对每一位小学生进行“养身育心”，以实现小学生德、智、体、美、劳诸方面的全面发展，为其终身可持续发展奠定基础；小学阶段的法治教育目标着重普及宪法常识，养成守法意识和行为习惯，让学生感知生活中的法、身边的法，培育学生的国家观念、规则意识、诚信观念和遵纪守法的行为习惯。

课程目标是一门课程的意图和所要达到的教学要求，是具体化的教育目标，是针对某一具体学科领域的特点和学生发展的状况而提出的具体目标。课程目标是课程设置的直接目标，它从课程的角度规定了学生通过某门课程的学习后，在品德、智力、体质等发展方面所应实现的学习效果，在课程标准中出现。如《义务教育品德与生活课程标准》明确指出，“品德与生活课程旨在培养具有良好品德和行为习惯、乐于探究、热爱生活的儿童”。课程目标是课程的价值导向和宗旨，是课程开发的出发点和落脚点，是确定课程内容和设计教学目标、教学方法的根基。

教学目标是对课程目标的进一步具体化，与具体的教学内容和过程密切相关，是关于教学活动能使学生身心产生何种变化的明确描述，是对学生在教学活动中及结束后所要达到的各方面状态的规定或设想，表达了在教学活动中所期望学生收获的学习结果，又称“课堂教学目标”。教学目标是对课程目标的分解和细化，当落实和实现了每一个课堂教学目标，课程关注的大目标也就完成了。教学目标可具体细化为单元目标、课的目标和课时目标。顾名思义，单元目标是在一个教学单元中要完成的任务。课的目标是在一篇课文中要达到的目标。课时目标是每节课要实现的任务。单元目标、课的目标和课时目标层层递进，一个比一个清晰、具体和指向性明显。教学目标通常指的是课时目标。如，一年级上册第 5 课《我们的校园》第一课时的目标：①分享交流，熟悉、了解校园环境，知道与自己生活相关的学校设施的位置及作用；②小组探究，产生主动探究校园的兴趣，初步产生亲近、热爱新学校的情感；③情境体验，尝试利用校园设施解决自己的问题，能够根据不同需要合理地使用不同的校园设施，提升对学校新环境的适应能力。其阐明了在一节课中学生在情感、认知、能力方面的变化和发展。

教育目的、教育目标和教学目标三者既相互区别，又相互联系。教育目的与教育目标、教学目标之间的关系是普遍与特殊、一般和个别的关系。教育目的是整个教育工作的核心，较广泛、长远，是终极目标，带有理想成分和长期性，为教育工作者指出了努力的方向。教育目标与教育目的相比，显得较为具体，且有一定的针对性和现实可能性。教学目标最为具体，是针对某一具体教学活动提出的，更能在实践层面上进行操作和实施，最具可实践性和可测评性，教育目的、教育目标的主要意图都得通过具体的教学目标来实现。

（二）教学目标的功能

教学目标不仅是教学活动所要达成的预期目标，还对教学活动具有重要的调节作用。

有效的教学目标规定着教师的教和学生的学，支配着教学活动的全过程，对组织教学内容、确定教学重点、选择教学方法、安排教学流程等起着重要的导向作用，是课堂教学的灵魂，是落实课程目标的保障。合理、恰当的教学目标一经确定，有助于规范教学活动的方向性和目的性，避免无目标的随意性教学行为，对课程目标的真正落实和教与学双向活动的高效开展起到积极的促进作用。具体表现如下。

1. 达成课程目标

教学目标的准确设立是实现课程目标的基本途径。一个明确的教学目标，是有计划、成体系、循序渐进地保障课程目标贯彻落实的重要手段。通过设立科学、准确的教学目标，把课程目标、单元目标进行每课时的具体化处理，教师对课程有清晰的认识，避免对课程标准和教学内容的随意阐释，确保了课程的方向性和一贯性，实现课程目标的落地。如，一年级上册第5课《我们的校园》第一课时的目标的设计显然是为了达成“掌握自己生活需要的基本知识和技能”“体验提出问题、探索问题的过程”“产生热爱集体的情感”的课程目标。

2. 调控教师的教学

教学目标是教师教学活动的指南，它调节和控制着整个教学过程，对教学活动的开展具有统领作用。预期的教学目标是教学准备、实施的指挥棒，使教师合理利用课时、科学组织教学内容、选择教学策略，充分发挥教师的主导作用，有效实现对教学的掌控。教师以预期目标为依据，预设、组织和实施教学活动，充分运用设问、探究、体验、测试等方法调控课堂教学，使教学活动朝着预期的目标发展。教学目标还具体反映了教师的教育思想和理念，为了促使学生发生预期变化，达成教学目标，教师会精心组织教学内容，删减、补充或整合给定的教材内容，研究和采用使学生收获最大化的教学策略与方法，科学设计教学过程，调整课堂节奏，优化教学环节，提高课堂效率，确保教学活动的有序性、连贯性和整体性。

3. 激励学生的学习

对学生来说，学习的第一要务应当是明确学习目标。教学目标是以学生为主体，对学生学习效果程度的描述，是学生进行有目的的学习活动的指标。上课前，对教学目标的明确，可以使学生了解预期的学习任务，做到有的放矢，将教学目标内化成自己的学习目标，更好地制定符合自己实际的学习方案，有效地学习。在课堂学习过程中，教学目标可以激发学生的学习动机，改善学生的学习表现。合理的、符合学生认知水平的教学目标能激发学生的学习动机和学习积极性，使学生产生实现目标的强烈愿望，形成学习心向和学习内驱力。教学目标太简单，学生会觉得过于容易、没有挑战性而提不起学习和参与的兴趣；教学目标太难，学生会觉得不管自己怎么努力，都不可能达到而心灰意懒，无动于衷。这就需要教师根据学生的学情、经验和个体的实际需要确立具体的、高于学生现有的发展水平，“跳一跳”能够得着的难度适中的教学目标，这样才能更好地发挥学生学习的主体作用，使其产生主动参与学习的意识，自觉选择学习方法并监督自己的学习进程，获得较持久的学习动力，提高学习效率。

4. 提供教学评价的依据

对一堂课的评价来说，评课有很多标准，如根据学生的课堂参与程度、教师上课的思维清晰度等，但利用目标来导向测量和评价，看教学是否达到了预期目标是最可靠和客观的标准。教学目标是对学生学的效果的预设，具体的教学目标为检验学生学习效果的达成提供了客观的评价依据。对教学目标的检验，往往包括评判教学目标是否实现，目标达成到何种程度，教学质量如何，能否进一步优化教学过程等都以原定的可测的教学目标为检验的标准和依据。描述为具体行为表现的可操作的教学目标，为科学测试、做出客观评价提供了明晰的指标，为教学评价提供了科学依据，有助于教师对教学过程的评鉴和修改。

二、道德与法治课程教学目标的设立

（一）道德与法治课程目标

目前，道德与法治课程目标尚未出台，但是，从课程目标的功能来看，道德与法治课程目标既是教材编写的依据，也是教师分析教材、设计教学的依据。课程目标不但规定着教学设计的方向，还决定着教学资源、教学活动的取舍和组织。教师在选择教学内容时必须严格按照课程目标的要求进行，选取哪些内容，这些内容在什么阶段出现，用什么方式呈现，都取决于课程目标的规定。课程目标的三维特点引领着学生以什么方式学习本课程，为学生学习方式的选择提供了标准和依据。此外，课程目标还是课程实施和课程评价的指标，是教学活动的价值追求。

从课程目标的内容来看，已在实施的品德与生活（社会）课程标准中就明确指出，“旨在培养学生的良好品德，促进学生的社会性发展，为学生认识社会、参与社会、适应社会，成为具有爱心、责任心、良好行为习惯和个性品质的公民奠定基础”，帮助学生参与社会、学习做人是本课程的核心，既反映了德育课程的特点，也充分说明了培养学生良好的情感态度与价值观是本课程的主要目标。立德树人是教育的根本任务，道德与法治作为显性的德育课程，把情感态度与价值观目标放在了首要的、突出的位置，关注儿童良好道德品质、法治意识和国民素养的培育，促进儿童社会性健康发展和良好行为习惯的养成，使儿童学会做人、学会做事，过有理想追求、有思想境界、有良好道德、有法治素养的生活。情感态度与价值观目标要求道德与法治课程的教学不仅要实现学生对知识的学习、认知水平的提高和能力的培养，更要重视对儿童良好道德品质、性格和价值观的塑造和转变。如学习五年级上册第三单元“我们的国土我们的家园”中第6课《我们神圣的国土》时，教师不仅要使学生知道我国的地理位置、领土面积、海陆疆域、行政区划，更重要的是要让学生知道台湾是我国不可分割的一部分，树立祖国的领土神圣不可侵犯的意识；知道我国是一个地域辽阔、有众多风景名胜的国家，体验热爱国土的情感，从而与初中地理课教学区分出来，突出德育课程的特点。

此外，课程目标中不仅有直接的、终结性的目标，如道德认知目标、知识目标、能力目标、行为目标，还有一些只能在学生学习过程中间接实现，并贯穿于各个活动之中的间接的、过程性的目标，如合作学习的能力、探究与思考能力、倾听和表达能力、收集和整理信息的能力、与他人有效沟通的能力、相互配合的能力等，它们既是学生完成学习任务不可缺少的，又是学生成长、适应社会所必须具备的，在教学中需二者兼顾，不能偏废。

在课程教学中，要把知识的学习、情感态度与价值观的培育和过程方法、行为能力的培养融为一体，既不能单纯、片面地强调知识的学习，也不能脱离知识能力的教学和过程方法的运用进行抽象的、空洞的情感态度与价值观教育。

（二）教学目标的设立

教学目标是教学活动的核心和灵魂，对教学活动起着导向、激励、调节和测评的作用，它支配着教学的全过程。它既是教学的价值定位，又是教学实施和评价的依据。教学目标不仅规定着“教”与“学”的方向，更关系到课堂教学效率问题，教学环节中设计的各项活动，都是为了落实教学目标。可见，教学目标的准确定位是有效教学的前提。

1. 设立教学目标的依据

教学目标的设立受课程标准的制约，要依据教材，根据学生实际和具体的教学条件确定以学生为本的教学目标，尽量做到近、小、实，切忌远、大、空。

第一，紧扣课程目标。课程目标是课程的价值导向和宗旨，是对教学活动整体性的要求，它集中了学科发展的现状和时代的需要，是把握每一课时教学目标的基础和前提。课程目标往往需要通过一系列教学活动才能实现，尤其是情感态度与价值观目标必须经过长期的熏陶、一以贯之的培养才能达成。因此，在设立教学目标前，教师需仔细研读课程标准，把握课程的性质、任务，理解课程理念，明确道德与法治课程的总目标，领会目标的内涵和特点。在整体把握课程目标的基础上，熟知课程目标对每一节课的目标规定，确定每节课的具体目标，处理好课程目标和具体教学目标之间的关系，把握教学的整体方向和核心价值。

第二，整体把握教材。教材是实施课程标准、实现教学目标的最基本的资源。《道德与法治》教材按主题组织材料，结合各年龄段儿童不同的认知特征，形成具有学习梯度的内容层次和系列。教师应站在整套教材的高度俯瞰每册教材的具体要求，认真细读教材，厘清整套教材的教学目标序列，准确把握教材的内容和编排体系，了解教材的逻辑结构和呈现方式，理解单元与单元、单元与课目教材内容之间的关系，尊重教材的整体性、系统性和逻辑性，确定适当的教学目标。

第三，深入了解学生。教育是促进人的发展的活动。教学目标的设置必须考虑学生发展的需要，适于学生某一阶段的年龄实际、认知规律和接受能力。研究学生，充分考虑学生的认知基础和认知差异，了解学生的现实生活和实际关系，了解每个学生的生理、心理特点和个性化需要，了解其家庭和所在社区的状况，把握学生的个性特征、已有的认知水平，知道学生要经历怎样的过程才能实现情感的升华、知识的获取和能力的提高；掌握学生的年龄特征、行为表现以及实践能力，设立符合学生身心发展实际、可行的教学目标。

2. 教学目标的“三个维度”

教学目标依据课程目标而设立，是对课程目标的具体化，教学目标的内容和范围应与课程目标保持一致。根据课程目标的维度表述，教学目标也相应分为三个维度：情感态度与价值观、知识与技能、过程与方法。

情感态度与价值观目标，是学生体验学习过程或结果后的倾向和感受，是对学习的主观经验，又叫体验性目标。它包括个体需要是否得到满足时的情感体验、学习和生活方面的态度、价值取向或看法等。小学生价值观培养的最基本要求是认清什么是真善美，什么是假恶丑。情感态度与价值观目标可具体分为认同、体会、内化三个层次。

知识与技能目标，是学生通过学习所能获得的学科知识和基本能力，是对学生学习结果的描述，又叫结果性目标。学懂、学会、能应用是这种目标在层次上的要求。如《风儿轻轻吹》第一课时设立的知识与技能目标：知道风是看不见、摸不着的，能借助眼睛、鼻子、耳朵等身体器官发现风，列举可以与风一起玩的常见玩法。

过程与方法目标，是在教师指导下，学生获得知识与技能的过程和具体做法，包括让学生了解相关知识形成，掌握和获取相关知识的过程与方法；即让学生了解知识的来源、规律、特点等，关注学习的过程、方式、手段、途径等，掌握相关的策略。如“通过自我体验……”“通过阅读感悟……”“通过四人小组互相交流的方式……”“通过参与游戏……”等。显然，过程与方法目标是学习过程中的目标，所以，又叫程序性目标，其最显著的特征是亲身体验。关注过程与方法目标，由片面强调学习结果变为强调学习过程，关注学生在学习过程中的积极体验和对学习方法的掌握与内化，这要求教师不仅要强调学生知识的把握，关注学生能力的发展，更要聚焦学生对学习方法的主动探究，创设有利于学生体验和感受的学习过程。

需要注意的是，设计三维目标要注重有机整合。三维课程目标不是三个独立的目标，而是一个问题的三个方面、三个维度，它们分别从不同侧面解析总体目标，是一个相互联系、相互渗透的统一整体。情感态度与价值观是核心，是课堂教学的“动力系统”；知识与技能是基础和载体，是课堂教学的“导航系统”；过程与方法是策略和途径，是课堂教学的“操作系统”；知识与技能需在学习过程中、科学方法指导下得到落实；在学习知识过程中，感悟方法，获得情感态度与价值观。在目标表述时，三个维度可以不分条列出，但要尽可能比较明确地体现出三维要求，以便教学过程中的落实和教学后的评价和检验。

3. 教学目标“四个要素”表述要求

教学目标的表述应当是明确、具体的，可供观察和测量的，规范的课堂教学目标在表述上应该包含四个要素：行为主体、行为动词、行为条件和表现程度。对这四个要素进行表述时，要注意以下几点：

第一，行为主体要明确。教学目标指的是学生的学习结果，而不是教师在教学过程中做什么、怎么做。因此，教学目标中的行为主体是学生，判断教学有没有实效的直接依据是看学生有没有获得具体的进步。在设立教学目标时，必须以学生的学作为出发点，表述为“通过学习，学生……”，而表述为“使学生掌握……”的教学目标显然是不妥的。规范的教学目标应以“学生能……”开头，书面上可省略“学生”二字，但必须是隐含的。

第二，行为动词必须是可测量、可评价的。教学目标的表述应该避免使用模糊、笼统的行为动词，如了解、理解、掌握等，笼统的表述会使学生不知所云而形同虚设。应尽量使用说出、感受、回忆、解释、区分、归纳、比较等可以直接观察和测量的外显行为动词。用可测量、可评价的行为动词表述的教学目标才能更充分地发挥教学目标的调控和评价功能。

第三，行为条件须清晰界定。在描述教学目标时，需具体说明在何种条件下达到什么样的学习程度和结果。如，“利用网络……”是辅助手段的限制；“在 3 分钟内，能……”属于时间限制；“在小组讨论时，能……”属于课堂情境的限制。清晰界定的行为条件使教学目标有明确的指向性，能更好地规范教学行为。

第四，表现程度呈底线。表现程度呈底线是指学生经过学习之后发生的行为改变的最低表现水平，用来衡量学习表现或结果达到的程度。如“在自己的家庭生活中，列举至少三种父母与子女经常发生的冲突类型”的教学目标描述中的“在自己的家庭生活中”，是行为条件；“至少三种”，则指出了学生行为的表现程度。

教学目标是教学设计的“方向标”，在解读教材、设计教学的时候，应在把握好整个课程目标的基础上，结合学生的实际情况来设置教学目标。每节课的教学目标应尽可能根据本校和本班学生的实际情况设计，符合认知的阶段性和学生的可接受性，做到清晰、明确、具体、可操作，避免大而空，不能把课时目标与课程目标混为一谈。只有目标定位准确了，每个教学环节的阶段目标才会清晰、明朗，才能增强教学的实效性。

当然，在教学实施过程中，教学目标也不能一成不变。教师在组织教学活动时，要留意每个学生在活动中的表现，关注教学过程中生成的问题，根据教学的进展和学生的实际状况调整目标。教学活动结束后，教师还应结合学生的反馈和作业完成情况检验目标的达成情况，深入反思以便改进和完善教学。

总之，道德与法治课程教学目标的确定既要从课程目标、内容目标、行为目标出发，又必须紧紧围绕地区实际、学校实际、学生实际，这样才能设计出符合学生发展要求的切实的目标。

第二节　道德与法治课程的教学原则

一、教学原则概述

（一）教学原则的含义

教学原则是依据教育教学目的，遵循教学规律而制定的指导教学工作的基本原理。从长期的教学实践中总结出来的教学原则，是对教学过程的基本要求。这些要求贯穿于教学过程的方方面面和各个环节，是教师有效开展教学活动，组织教学内容、选取教学方法和教学手段、设计教学组织形式，成功实现教学目标必须遵守的准则。教学原则以学生发展为根本方向，反映了人们对教学活动特点和规律的认识。它的正确和灵活运用，是提高教学质量的重要保证。

（二）我国小学的教学原则

我国小学的教学原则是根据小学教育教学目的，反映小学教学规律，用以指导小学教学工作的基本准则。我国小学的教学原则有科学性与教育性相结合的原则、直观性原则、启发性原则、巩固性原则、循序渐进原则、因材施教原则、理论联系实际原则、量力性原则等。结合道德与法治课程的教学，具体介绍以下四大原则。

1. 科学性与教育性相结合的原则

科学性与教育性相结合的原则，是指既要把课程的基础知识和基本技能传授给学生，使学生形成严谨的科学态度，又要结合课程内在的德育因素，对学生进行思想政治教育和道德品质教育，使知识教学与思想教育有机统一，是对“课程思政”要求的充分体现和贯彻落实。教学实施过程中，教师在确保教学科学性的同时，充分发掘教学内容、教学情境和过程生成中蕴含的教育性因素，以科学文化知识的传授为基础，以培养具有良好的思想道德素质、全面发展的人为最终目的，完成教书育人这一光荣使命。

2. 直观性原则

直观性原则是指在教学活动中，基于小学生的认知特征和思维特点，教师运用多样的直观教具演示同教师语言的形象描述、讲解相结合，充分调动学生的多种感官和已有的经验，通过各种形式的直观感知和体验，引导学生形成清晰的表象，获得形象生动的感性认知，以便正确理解和系统掌握所学知识。教学应从个别到一般，从具体到抽象，反对空洞无用、脱离实际的教学，要求从直观出发，不仅可运用实物、模型、图画进行教学，更特别强调了学生的实践、经历与经验，让学生亲眼看到、直接认识、亲自体验。

3. 启发性原则

启发性原则是指在教学过程中突出学生的主体地位，引导他们独立思考、主动参与、积极探索，注意调动学生学习的主动性、积极性和创造性，提高其具体分析和解决问题的能力。启发性原则突出强调了“先学后教”“学为主体”“以学论教”这一宗旨。在教学中，发扬教学民主，创设问题情境，充分调动学生学习的主动性，让学生积极参与、动手动脑，启发学生独立思考、自主建构，在学生遇到困难时，再予以帮助，因势利导，培养和发展学生的逻辑思维能力和独立分析、解决问题的能力。

4. 因材施教原则

因材施教原则是指教师在教学中，面向全体学生，依据课程标准对教学做出统一要求的同时，结合学生的个体差异和实际情况，有针对性地进行个性化、有区别的教学，使每个学生都能扬长补短，在原有基础上获得最佳发展。在教学中，应重视学生不同的年龄特征、知识经验、学习能力、思维方式和具体的行为表现，根据每个学生发展的个性特点，选择多样化的教学内容和方法，提出不同层次的要求，改变教学进度，有针对性地进行教学，满足不同学生的需要。该原则体现了以生为本的教育思想，是对教育公平的践行。

二、道德与法治课程教学过程中的具体原则

道德与法治课程以学生良好品德形成为核心，以促进学生社会性发展为重点。培养身心健康、适应社会发展的人是本课程教学的根本任务。把小学教学原则与本课程特点相结合，以人为本，从育人的高度设计每一节课，根据学生的年龄特点和认知发展规律确定和选择教学内容、教学方式和教学活动，做到以学定教，提高课程教学的针对性和亲和力，实现“立德树人”的根本任务，提高德育的实效性。在教学过程中，应遵循以下具体原则：

（一）生活性原则

生活性原则是指教学要以儿童的现实生活为载体，创设生活化的学习情境，关注学生的生活体验，使教学内容和方法回归生活实际，在学生逐渐扩展的生活经验基础上，为学生创设认识和解决现实问题的广阔空间，促进学生健康发展，实现“理从生活来，行归生活去”的教育目的。

品德与生活（社会）课程标准中，就“生活性”有如下描述：“本课程遵循儿童生活的逻辑，以儿童的现实生活为课程内容的主要源泉，以密切联系儿童生活的主题活动或游戏为载体，以正确的价值观引导儿童在生活中发展，在发展中生活。”可见，道德与法治作为一门建立在儿童生活基础上的课程，课堂教学应以儿童的现实生活为主要源泉，密切联系学生生活经验，以学生生活体验和现实问题为切入点，唤起学生对生活的回忆，循序渐进，科学设计教学内容，指导儿童的生活行为，增强教学的吸引力和感染力。

陶行知说：生活即教育。学生的生活是最真实、丰富、有益的学习资源。品德与生活是统一的。学生品德的形成源自他们对生活的体验、认知、感悟和升华。在生活中学生经历了许多品德事件，形成了各种日常品德认知，感受过各种品德评价带来的情感体验。当品德知识进入学生的意识，学生往往会从已知的体验中找出与之匹配的事件、观念和情感。如果匹配成功，就被学生理解、接受；反之，将被抵触和排斥。教育只有和学生的体验实现对接，才能让学生感受到教育不是一种外来的强迫，而是一种自身的需要，促使学生对品德教育的认同和趋从，实现品德由内而外的自主建构。可见，教学能否激活学生的经验，是知识实现顺利同化的关键。

对儿童来说，只有与他们的真实生活有密切联系的学习，才是最有意义的。脱离了现实生活，道德只能成为抽象的原则和僵死的教条。因此，道德与法治教学要重视生活对于儿童的意义，关注儿童当下的生活意义和价值。教师需要了解儿童对生活的感受，掌握他

们已有的生活经验，选取学生生活中真实可信的生动事例，贴近儿童的生活，反映儿童的需要，使课堂充满儿童的生活气息，让学生从自己的生活出发，用自己的眼睛观察社会，用自己的心灵感受世界。通过参加与自身生活有关的，看得见、摸得着的教学活动来引发学生内心深处的、非表面的道德情感，以及真实的、非虚假的道德认识和体验，使学生领悟到在实际生活中应该怎么做，把在课堂里接受的教化转化为生活中的实际行动。

生活性原则要求道德与法治课程教学必须贴近学生生活，从儿童成长实际和生活需要出发，有针对性地组织教学资源，设计教学活动，选择教学方式，创设生活化情境，开展生活化活动。

教学前，教师应聚焦儿童的现实生活，详细了解学生的家庭状况和生活环境，了解学生已有的经验，抓住他们所焦虑、所关注的问题。

在具体的教学过程中，要杜绝脱离儿童生活实际的说教式教学。道德与法治课堂不能仅仅是品德观念的灌输和品德知识的传授，而应融入学生的生活世界，考虑到不同学生的认知差异，根据学生已有的经验设计教学。教学中每一个学习活动都不应抽象地呈现，而应借助一定的“生活事件”使之情境化。如，要设计学生体会父母养育儿女的不易和辛劳的教学活动，就需要从学生的真实生活中，挖掘出一个个有代表性的、发生在学生身边的“生活事件”，通过照片、视频、故事等形式呈现，使父母对子女的爱鲜活起来、生动起来，由此激活学生对爸爸妈妈养育、照顾自己的点点滴滴的回忆。设计以儿童为主角“生活事件”的教学活动，才能唤起学生的真情实感和参与活动、探究互动的渴望，激发学生学习的积极性。

此外，需要注意的是，道德与法治教学不能仅仅停留在认知和情感层面，还应在立足学生生活的基础上，注重反思生活，超越生活，给予生活智慧的指导，这样才能真正对生活产生影响。教学内容选择上必须满足学生的需要并能为他们所理解和接受，有助于解决他们的困惑和问题。

有意义的生活是学习道德的最佳途径，脱离了学生生活实际的品德教学只能使学生习得抽象化的品德条文；脱离了生活的品德培养，也就只能流于形式而毫无实效。唯有在实实在在的生活中，对儿童生活真实情景的再现、提炼和升华，通过师生、生生的互动，引导学生进行体验，触动学生的心灵，激发学生的道德情感，将道德情感和道德认知联系起来，形成相应的道德行为，才能提高课堂教学的生动性、参与度和实效性。

（二）综合性原则

道德与法治是一门综合性的课程，教学内容来自不同学科、领域，课程将思想品德、行为习惯和法治教育，国情、历史和文化教育，地理和自然、环境教育，生命与安全教育等有机融合；课程还把社会环境、社会生活、社会关系这几个主要因素融入个人、家庭、学校、社会、国家、世界六个领域中，综合交叉。针对本课程特点，在教学中应遵循综合性原则。

儿童的生活是一个多样、综合的统一体，教学呈现给儿童的世界当然要尽量是儿童所看、所闻、所感的世界，而不应是按照成人的思维方式分割的、学科化的世界。因此，教学内容应努力实现相关学科（道德、法治、社会、文化、历史、地理、政治、心理健康等）和相关领域（个人、家庭、学校、社会、国家、世界）的整合与融合。但要注意的是，它不是多种学科和领域的简单叠加，而是以儿童的生活为基础，打破原有的学科知识体系，围绕儿童生活范围，螺旋上升，重新建构的新的综合内容体系。

道德与法治是一门德育课程，中国的大德育概念不仅指道德教育，还包括思想教育、礼仪教育、心理教育、法律教育等。如，就购物这一生活事件，会涉及科学教育、道德教育、法治教育和心理教育等内容。因此，道德与法治教学应以生活为逻辑整合各种教育内容，使儿童通过综合性教学内容的学习来还原完整的生活，而不是割裂的、片面的知识或规范；教学活动应体现儿童生活经验、知识学习与社会参与的融合，儿童通过学习，学到的不仅仅是品德或其他方面的知识，而是一种生活的智慧，形成较完整的人格。

除了内容的综合性，道德与法治课程还具有多元的课程价值和目标，关注学生全面、和谐的发展，强调知与行的统一。教学目的绝非仅仅是知识的获得、间接经验的掌握，其主导价值在于促进学生国民素养培育和社会性的健康发展。因此，在具体的课堂教学中，其教学内容的选择、活动的设计都不同于法律课、地理课、历史课和社会常识课，而应突出其德育功能，在不偏离品德教育这条主线的基调上，实现三维目标的有机统一。

道德与法治课程教学不追求思想品德教学科目或道德规范知识的严密体系，而应以儿童的经验为起点，从儿童生活出发，在对儿童进行生活教育的同时自然而然地融入品德教育、法治教育，引导学生过有理想追求、有良好道德和法治素养的生活，将个人的成长融入家国情感和对社会的责任担当之中。

（三）活动性原则

活动性原则是指课堂教学以丰富多彩的活动为主要形式，让学生在教师的引导下，积极参与各种有意义的真实的活动以培养其道德情感，形成正确的价值判断和良好的行为习惯。

道德与法治是一门活动型的课程，课程标准强调“品德课应以儿童直接参与的丰富多彩的活动为主要教学形式，强调寓教育于活动之中”。可见，教学目标需要通过教师指导儿童直接参与的主题活动、游戏和其他实践活动来实现。教学过程不能是单一书本知识的传递和接受，而应把活动作为教与学的基本形式，使活动成为教师教与学生学的中介，成为实现教学目标的有效载体。

热衷活动是儿童的天性。儿童在教师指导下直接、主动参与各种游戏、活动，既遵循了课程的要求，又强调了儿童身心发展的特点，将课程特点和儿童需求有机结合起来，使儿童在活动参与中实现感知、体验和构建，显然是适合儿童的教学原则。

在学生的精神世界里，这种需求更加强烈。学生有动脑思考、表达自己内心想法的强烈内驱力，而让这种内驱力释放并起作用，需要教师创设具体的情境，设计多样的活动过程，引导学生主动参与、自主活动，以探索、调查、讨论、游戏、制作等形式，让学生在活动中去看、去听，去发现、去探究，激发学生的思维，升华情感，形成内化的道德品质。

对于儿童来说，听到的容易忘记，看到的印象不深，只有亲身经历实践和体验的才会印象深刻，终生难忘。品德的形成与儿童对生活的体验、认识和感悟紧密相连，教师的讲解不可能代替学生的主观感受，每个人的情感态度与价值观选择，都是在个人成长实践过程中，通过自己模仿、尝试和践行逐步习得的。道德与法治课堂显然需要改变那种直接或间接呈现道德知识和道德结论的传统做法，应从学生成长中所遇到的种种道德问题出发，用情境或活动来呈现道德，设计一个个有感觉、能触摸的话题和活动，使道德从真实的社会生活中呈现出来，创设有利于学生尝试选择和参与体验的机会，激发他们学习道德的愿望，让学生在积极参与的实践活动中体验、感受和辨析，在体验中认识社会生活，在参与中发展自我，实现道德情感的依从、认同和内化，使学习从认知扩展到情感、心理和人格等领域，帮助学生完成自主“习德”，在实现知识增长的同时，更促进了学生身心和人格的健全与发展。

基于此，教学活动的设计，首先要保证活动的主题和内容是适合儿童的，是他们能够理解的，能够唤醒他们已有的经验，实现学生已有经验的利用、丰富和提升，使原有的道德生活经验进入学生的学习过程，作为他们自主学习、自主探索的资源存在，激发他们自己去探索、悟出结论，激发他们去追求更好的生活和更好的自我。一切教学活动都应以儿童为基点，从儿童的视角出发，摸准儿童内心的困惑和认识的难点，做出契合儿童认知水平的安排。只有这样，才能使教学活动的难易度恰当，使活动真正成为学生的“内需”。然后，采用学生喜欢的、生动活泼的方式，使学生用观察、采访、调查、实验、探索、讨论、游戏等多种形式去体验生活，帮助他们认识和解决现实生活中的问题，使学习的过程成为道德成长的有效过程。

在活动中，教师应尊重和按照学生的认识、情感、兴趣、经验和需要，及时给予解答和关怀，引导学生增进认识、稳定情绪、端正行为、改善关系、树立信心、积极进取，使学生积极、主动地进行求知和做人的探究活动。儿童在活动参与中，会下意识地将以往生活中自己或他人的不文明行为裹挟进来，进行反思，以思导行，进而规范自己的行为。教师的作用主要体现在创造活动的条件和机会，与学生共同活动来支持、引导儿童学习，使儿童通过动手动脑、参加活动，而非被动听讲来学习。

教学活动在形式上可根据具体的教学目标、内容、资源、硬件条件、学生情况的不同，选择不同的活动类型。一节课的教学可以是一个或几个活动，采用个体、小组、集体等多种活动形式，让全班每一个学生都动起来，不使一个学生游离于活动之外；活动参与过程中不是被动、被迫的，而是积极主动的参与；不是个别学生的参与，而是全体学生的参与；不是暂时的、表面的参与，而是全身心、自始至终的参与。通过玩、唱、画、演、做等多种活动开展教学，尊重和发展儿童的主体意识和能动精神，真正让儿童成为学习的主人。

（四）开放性原则

开放性原则是指教学以学生的现实生活为依托，拓展课程的教育空间，展现课程内容、形式、资源、时间、空间的开放性特征，使课堂教学面向学生的整个生活世界。

道德与法治课程的教学时空不局限于课堂和学校，教师应将本课程的教学与相关学科以及班队活动、学校德育活动、社区活动、社会重大事件等紧密结合，从中捕捉、挖掘鲜活的素材，调动学生在课外学习和活动中获得的知识和经验，充实课程的教学过程。同时将课内学习延伸至其他学科的学习或校内外其他活动中，提高教学的实效性。时代是不断变化的，与之相应的价值观念和道德标准也随之在不断地发生变化。教师应关注社会和时代的发展与变化，以开放的思维与视野进行教学设计，重视教学与学生的生活实际相结合，充分利用一切可以利用和挖掘的资源，使教学具有强烈的时代感和针对性，真正实现课堂教学的实效性。

教学内容是开放的。所有源于教材或生活实际的，儿童感兴趣、对儿童有意义的题材，教师都可以拿来运用于教学中。根据教学的需要，教师可对教学素材进行灵活选择、开发和整合，而不能仅仅固守着给定的教材。一般教材都只能从普遍性的经验出发进行设计，不可能兼顾到每一个学生独有的生活经验。为了解决这一问题，在《道德与法治》教材中，每一个环节都为个性儿童经验的融入留有入口，教学时可充分利用好教材中的留白、主持人问题和省略号的设计，有意识地捕捉和获取学生现实生活的相关现象、困惑和问题，以此为契机，引导儿童关注自己生活中遇到的真实、个性化的问题。因此，在教学中如果一个学习活动是以范例作为引子，那么在这个范例后面，一定要留有让儿童结合自身经验的时间和空间，培养学生自主、合作、探究的学习方式。

教学渠道和学习空间是开放的。道德与法治课程具有很强的实践性，强调生活体验和社会实践，教学活动不只限于课堂内四十分钟，还应延伸到课外，从课堂学习拓展到儿童的学校、家庭和社会生活。道德培育不可能仅仅依靠课堂内的教育，更重要的在于有针对性地引导学生去践行，指导学生将课堂所学运用到自己的现实生活中，规范自己的言行举止，改变自己的生活方式，解决实际生活中的问题。如：课前调查、回家做一做、走进大自然、班级竞赛、社会实践等，实现课堂内外、学校内外学习的有机统一。教师可根据教学内容、教学方式的实际需要，灵活地选择教育渠道，实现教育效果的最佳化。

教学评价的开放性。德育的教学评价不能仅仅关注学生每堂课的学习结果，而应更重视学习的过程表现和日常行为习惯的养成。良好的行为习惯不可能一朝一夕养成，在养成习惯的过程中，还往往会出现反复。这时，教师日常的督促和提醒就显得非常重要了。通过持续常态的督促检查，学生在生活中养成良好的习惯。

教学资源的开放性。教师可充分挖掘社会、学校及家庭中的资源：家长和社会人士是可开发的课程人力资源，他们的人际交往、职业背景、社会阅历能使课堂变得鲜活、形象、有温度；校内外的各种活动和环境是可利用的课程环境资源，升旗仪式、班队活动、运动会、假期出游、节日庆祝等活动能使教学变得生动、具体、有广度；各种国内外、地区新闻和社会热点是可利用的课程内容资源，使课堂变得合时宜、顺形势，实现教学从师生活动向家长、社会各界人士共同参与的活动转变，提高品德教学的亲和力和针对性。

只有把课堂教育与课外养成相结合，课内活动与课前调查、课后践行相结合，教材的引领与发挥家庭、社会的作用相结合，把学生在搜集、观察、调查、比较、讨论、游戏中获得的与自己成长相关的信息、资源、经验充分整合到教学活动中，才能使学生多角度、全过程地在自我体验、感悟和实践中享受道德生成的快乐。

第三节　道德与法治课程的教学方法

一、道德与法治课程教学方法的概念

道德与法治课程教学方法是指在道德与法治课程教学过程中，教师和学生为了实现道

德与法治课程教学目标，完成课堂教学任务，所采取的教与学相互作用的活动方式的总称。为了更好地理解道德与法治课程教学方法的含义，可以从它所包含的三个方面的思想和内容来理解。

第一，教学活动的双边性。实际上，道德与法治课程的教学活动是教师和学生相互联系、相互作用的双边活动，所以，道德与法治课程教学方法是教师和学生共同活动以完成教学任务为目的的方法，它主要包括教师的教法与学生的学法。比如教师采用演示法，要求学生能够观察和分析；教师采用讲授法，要求学生去思考和聆听。道德与法治课程的教学方法不能仅仅反映教师教的活动，否则就容易忽略学生的学习活动，使教学活动陷入“满堂灌、填鸭式”教学的境地。

第二，教师教的方法和学生学的方法相互联系、相互作用。在教学活动中，教师采取的教学方法既包括教法也包括学法，两者不是简单的相加，而是统一于教学活动中相互联系、相互作用。一方面，教法制约学法，同时学法也影响教法；另一方面，教法必然通过学法体现出来，而学法也是在教师的指导下的学法。因此，如果要使每种教学方法充分发挥其自身的优势和作用，就要把教师的教法和学生的学法辩证统一起来。

第三，教学方法的实质。教学方法实质上就是在教学过程中的一种运动规律的规定性和活动模式，它要求在教学活动中，教师和学生要按照一定的行为模式去进行教学活动。因此，道德与法治教学方法是对教学工具和教学手段的综合运用，是有目的的、系统的活动，是教师和学生相互作用的活动。本章节主要研究道德与法治课程教师教的方法。

二、基于现代信息技术的道德与法治课程的教学方法

基于现代信息技术的教学方法，就是指在道德与法治课程的教学活动中采取的教学方法要与现代信息技术有机结合起来使用，从而更好地实现道德与法治教学目标，完成教学任务。

（一）基于现代信息技术的教学方法的必要性

1. 基于现代信息技术的教学方法是改革传统教学方法的体现

传统的教学方法各有特点，但是也有其局限性。将传统的教学方法与现代信息技术相结合，有利于教学方法的更新。这里以教学活动中教师最常用的讲授法为例。讲授法通常又有讲述法、讲读法、讲解法等几种类型。这种教学方法能够在短时间内通过教师用语言系统地向学生传授知识，但是这种方法要求教师讲究“讲”的艺术，具有较高的讲授技巧，并且能够灵活地与其他教学方法结合起来，否则就容易导致注入式、满堂灌的局面。

把现代化信息技术与讲授法相结合，就能够充分发挥讲授法的效用。如果教师在使用讲授法时能够借助多媒体技术图、声、动画的优势，虚拟现实技术的应用，就能够在课堂上为学生提供有声有形、有情有景的教学环境。或者教师在采用讲授法时能够利用电脑、手机等终端开展教学交互，恰当选择现代信息技术中丰富的互联网资源作为呈现方式，来表达道德与法治课程的内容，就能够充分调动学生多种感官积极地参与道德与法治课堂的学习，进一步增强道德与法治课程教学的实效性。

2. 基于现代信息技术的教学方法是推动道德与法治课改革创新的重要体现

教育部等五部门印发的《关于加强新时代中小学思想政治理论课教师队伍建设的意见》明确指出："鼓励中小学思政课教师运用现代信息技术等手段，提升教学效果。""推动思想政治理论课改革创新，要不断增强思政课的思想性、理论性和亲和力、针对性。"思想政治课教学内容决定着"培养什么人""为谁培养人"，而采用什么样的教学方法制约着"怎样培养人"。因此，通过充分利用以计算机和网络为核心的信息技术改革创新教学方法，能够推动道德与法治课改革创新，不断增强道德与法治课的思想性、理论性和亲和力、针对性，提升道德与法治课教育教学质量。

（二）基于现代信息技术的教学方法的要求

现代信息技术应用于创新道德与法治课程教学方法涉及各个方面，这里主要从基于现代信息技术的教学方法对教师的要求的角度来谈。

1. 教师需要更新教育教学观念

实现传统教育方法的革新和推进现代教育的发展，教师首先要更新教育教学观念。进入21世纪，伴随着信息技术的飞速发展及其对社会教育的巨大影响，传统教学方法在新时代、新形势的时代背景下必然要做出相应的改变。因此，教师要主动学习现代信息技术环境下先进的教育教学理论，积极转变教育教学观念，将数字化、智能化、网络化和多媒体化的信息技术与教学方法充分结合，从而有利于教师从多角度、多层次启发学生的思维，体现自主、合作、探究的原则，给学生的发展提供良好的平台和充分的机会，给道德与法治课程教学带来新的活力。

2. 教师应改变教学方式，促进传统教学方法的更新

随着信息技术的广泛应用，计算机、多媒体等技术被大量运用在教学中，教师要清楚角色的定位，教师不仅要成为知识的传授者、课堂的主导者，也要成为学生学习的促进者，充分尊重学生的主体性。因此，教师要积极改变自身教学方式，倡导自主探究和引导、发现的教学方式。比如，教师主动创设有利于学生自主学习的环境，为学生提供更多

的发展机会；教师的教学既要面向全体学生，又要注重个别指导，促进学生有个性地发展；教师要善于引导学生转变自身学习方式，倡导学生主动参与、乐于探究、勤于动手的学习方式。这些都有利于教师在教育教学中积极应用现代信息技术，改革传统教学方法，做好道德与法治课程的教学工作。

3. 教师要提高信息技术能力和技术操作水平

教师要主动适应互联网、人工智能、大数据等新技术变革。大力推进道德与法治课教学方法改革，要求道德与法治课教师提升信息技能和信息素养，努力加强自身对信息技术的掌握，从而推动现代信息技术在道德与法治课教学中的实际应用。对于教师来说，现代信息技术与教学方法相结合既是挑战也是机遇。如果教师对于多媒体教学课件的使用不熟悉，某种程度上就会阻碍现代信息技术在教学中的使用，影响上课的效果和学生学习的积极性。与此相反，如果教师能把课件的设计和使用当成充分发挥现代信息技术的优势，利用多媒体作为开展教学的载体，教师就要不断学习相关的计算机知识，在教学过程中不断探索与总结，从教学思想、教学内容尤其是教学方法上全面领悟和掌握现代信息技术的特点与方法。在这个过程中教师既提高了对语言、图像、声音、文字的综合处理能力，又体现了教师的创新精神、科研意识以及终身学习的观念。

另外，教师要注重将现代信息技术的教学方法与多种教学方法综合运用。无论是传统的教学方法还是现代信息技术的教学方法，都要求教师熟练操作，优化组合、综合运用，一切从实际出发，一切从教学效果出发，才能让教学方法更好地服务于教学。总之，要充分发挥现代信息技术优势，更新道德与法治教学方法。只要教师善于将现代信息技术与传统教学方法相结合、相渗透，就有利于优化课堂教学方法，提高教学质量。

三、道德与法治课程常用的教学方法

（一）道德与法治课程常用的教学方法简介

道德与法治课程的教学内容丰富，决定了教学方法具有多样性。教师要在教学中取得较好的成就，就离不开对教学方法的创造性运用和努力探究，因此，道德与法治课程的教学方法是每一位教师都要重视的问题。每一种教学方法都有其自身的特点，对这些教学方法也都有具体的要求，下面简要介绍道德与法治课程常用的教学方法。

1. 讲授法

讲授法是教师用生动、准确的语言，系统地向学生传授知识的教学方法。讲授法通常表现的形式是教师讲，学生听，它是道德与法治课程教学中教师最常用的教学方法，在教学中起着重要的作用。通常讲授法要与其他教学方法结合起来使用，以此更好地发挥它的效果。讲授法并不等同于“填鸭式”教学法，讲授法运用得当，同样可以取得较好的教学效果。讲授法的使用一方面可以让学生在较短时间内获取大量信息，另一方面可以充分发挥教师的主导作用，但是讲授法有可能使学生过于依赖教师，从而不利于学生自觉、主动地学习。

运用讲授法需要注意几个方面：教师讲授的内容要正确，即知识要讲准确，道理要讲明白；讲授的过程要思路清晰，有逻辑性；讲授的语言要生动形象，声音要抑扬顿挫；讲授的方式要多样化，使用体态语配合讲授；讲授要注重由浅入深、化难为易，启发学生积极主动思考；讲授要注重与其他教学方法配合使用，调动学生的学习积极性，避免学生听课时间过长出现注意力涣散的情况。

2. 谈话法

谈话法是学生在教师的引导下，通过问答对话使自身获得知识的方法。谈话法可以通过教师问学生答的师生互动的方式，有效地启发学生思考问题。除了可以使学生获得知识之外，谈话法对培养和训练学生的思维能力和语言表达能力都具有重要作用，比较适合高年级的道德与法治课教学。

谈话法在运用中要注意以下几个方面：第一，谈话要有目的性。教师在运用谈话教学法之前就要做好相应的准备工作，最主要的是要根据教学内容和教学目标，精心设计好谈话的提纲，使谈话能够有计划、有目的地进行。第二，教师在谈话中提出的问题要明确、具体，要有价值，要紧扣教学内容，并且对学生要有启发性，同时要注重结合学生的实际生活，吸引学生，确保谈话的意义。第三，谈话要面向全班学生。谈话中的各个过程都要关注到每个学生的表现，吸引每个学生的注意力，要注意鼓励每个学生积极参与到谈话中来，从而引起全体学生对谈话的关注和思考。第四，谈话要坚持发挥教师的主导作用，教师要控制好整个谈话过程，及时调节课堂氛围，积极引导学生思考。

3. 讨论法

讨论法是学生在教师的指导下，围绕相关的问题展开相互间的讨论和交流，从而使学生获得相应知识，提高认识问题、解决问题能力的方法。讨论法对于激发学生学习积极性，训练学生思维能力，培养学生团结合作精神，启发学生独立思考等方面具有重要意义。

教师在运用讨论法时要注意以下几个方面：首先，在讨论前，教师要根据教学需要确定讨论的主题，讨论的题目要结合学生的实际生活、学习情况以及现实问题、热点问题确定，太难的题目不符合学生的认知水平，很难发挥讨论的价值，太容易的则不容易调动学生的积极性。只有教师注意明确讨论的具体要求，才能促进学生按照相关要求做具体的讨论准备。其次，在讨论过程中，教师要发挥主导作用，积极加强引导，始终围绕主题展开讨论，从而确保讨论的有效性。同时采取有效措施激励学生认真倾听其他学生的意见，并鼓励学生主动发表自己的意见与观点，不断激发学生参与讨论的积极性，确保讨论顺利展开。最后，在讨论结束后教师要依据讨论主题和讨论的实际情况，进行客观评价和概括总结。

4. 演示法

演示法是教师在课堂中通过直观教具的展示帮助获得对事物及其现象的感性认识的方法。它通常与其他教学方法结合起来一起使用，能够将抽象的理论具体化和形象化，能激发学生的学习积极性。演示的具体类型有多种，比如图片的演示，实物、模型的演示，示范性操作演示等。

在道德与法治课教学中运用演示法，要注意演示前做好充分的准备，并要有明确的目标，为实现教学目标而进行演示；在演示过程中要注意加强对学生的引导，进行恰当的讲解，把演示的事物与学习的内容结合起来，加深学生的认识和理解；演示要适时，在课堂中恰当的时机进行演示也会增强演示的效果，过早演示则会分散学生注意力和降低学生对演示对象的兴趣。

5. 参观访问与社会调查

参观访问与社会调查是指教师根据教学目标有目的地组织学生到实地参观学习，使学生得到启发、巩固所学知识和技能的一种教学方法。这种方法可以充分利用校内外的教育资源，帮助学生了解现实世界的真实情况以及理论与实际之间的差距，丰富感性经验，获得更多的直接经验，有利于学生养成情感态度与价值观。

运用参观访问与社会调查方法时要注意：首先，要坚持与课堂教学相结合，确立参观访问、社会调查的目标；其次，在参观访问与社会调查前要制定好具体的活动方案，做好相应的准备工作，同时教师要在参观访问、社会调查中加强具体指导，确保活动的顺利进行；最后，教师要及时做好总结工作。

（二）体现课程新理念的道德与法治教学方法

1. 情境教学法

情境教学法是指教师通过教学情境的创设调动学生学习积极性的方法。在情境教学中，要充分认识到情境创设在道德与法治课程中的价值，并合理地创设情境，从而实现道德与法治课堂的高效教学。道德与法治课程教学中的情境创设是强调教师根据学生特点和教学目标精心创设的生活情境，能使学生在这样的情境中实现知、情、意、行等各方面的发展，这集中体现了道德与法治课程倡导的生活德育理念。

情境创设对于道德与法治课教学具有重要的作用，从儿童的角度来说，它能够强化儿童的道德思维，激发儿童的道德情感，提升儿童的道德审美，重塑儿童的道德行为。从教学的角度来说，它能够激发学生的兴趣，使学生积极参与教学，有利于形成特定的氛围，陶冶学生情操，提高教学实效。通过恰当地创设情境，能够运用多种途径把儿童尽快带入学习中。在实践教学中有多种情境创设的策略，结合教学经验，主要有以下几种：用语言描绘情境，用教具触发情境，用现代化教学手段再现情境，用活动表现情境，以幽默夸张展现情境，用思维推理情境，用问题创设生活情境等方式。

尽管教学情境可以多样化创设，但是要创设符合教学要求的教学情境，必须注意几个方面：第一，情境要源于生活。教学情境应该是生活中真实发生过或者有发生可能性的，即使是模拟的情境也不能是人为捏造的、虚假的、实际不可能发生的。第二，情境具有针对性。无论是用哪种方式创设的情境，都要针对现实生活和学生的实际。学生不是空着脑袋进教室的，学生带着已有的生活经验进行学习活动，因此，教学情境一定要根据学生的实际生活或者现实问题进行有针对性的创设。第三，情境具有适度性。教学情境在一节课中不能过多，学生的注意力和精力是有限的，过于关注情境本身会使教学效果大打折扣，因此，教师要把握好教学情境的适度性。第四，情境具有探究性。创设的情境对学生而言，要有探索的意义和价值，能够激发学生的探究欲望。否则，不能激发学生兴趣，不能引发学生的思考，教学情境就没有创设的意义。第五，情境要具有启发性。创设的教学情境要能够启发学生的思考，对学生有启发和提示的作用，否则就不能够充分调动学生的思维，不利于学生积极思考并解决问题。

2. 参与式教学法

参与式教学法是以注重引导学生参与教学活动，着眼于培养学生的参与意识和能力为主的教学方法，它与讲授式教学相对应，是主体性参与教育教学活动系列教学方法的总称。道德与法治课程始终围绕生活领域展开，走进社会生活也成为学习该课程的重要方法和途径，要走进社会生活就必然要求参与到社会生活中去。从这些角度来看，“学会参与”已经成为道德与法治课程教学的重要关键词，也是道德与法治课程的教学内容本身。

参与式教学法注重学生参与合作、参与探究、参与体验、参与思考、参与实践，突出学生在学习活动中的主体地位，着力于培养学生社会参与的学科核心素养。同时，参与式教学法也充分体现生活德育理念，强调教学要从学生的生活经验和社会生活实际出发，学生要参与到教学活动中来。因此，参与式教学法是道德与法治高效且重要的教学方法。

3. 案例教学法

案例教学法就是指教师根据课程教学目标和教学内容的需要，呈现具体的事例以引出思考的问题，引导学生针对案例进行分析、讨论，提出解决问题的方案，使学生掌握有关知识，提高相关能力，形成情感态度与价值观的一种互动式教学方法。案例教学法在道德与法治课程中具有重要的意义。

从案例教学法本身而言，案例教学能够提高学生学习迁移的能力，促使学生充分运用所学的内容和方法，提高发现问题、分析问题和及时解决实际问题的能力。从教学效果方面而言，案例教学法能够充分体现教学活动中学生学习的主体地位，提高学生学习的积极性和热情。在阅读案例、分析案例、讨论案例、总结案例等各个环节中，都需要学生独立思考、积极探索，也离不开生生之间、师生之间的双向交流讨论，这利于创设良好的教学环境，是提高道德与法治课教学效果和保障教学质量的重要方法。

在道德与法治课程的教学中，教师为了更清楚地讲解知识，论证相应的观点，会进行举例，这与案例教学法不是一回事。它们的主要区别可以通过案例教学法的基本操作步骤来体现。

（1）精选案例

精选案例是案例教学法的前提和基础。首先，选择的案例要注重导向性。新时代上好道德与法治课，就是要全面贯彻党的教育方针，道德与法治课教学就应当体现社会主义办学方向，落实立德树人根本任务。因此，在道德与法治课的教学过程中运用案例教学法要坚持导向性的原则，即坚持正确的政治方向、政治导向，这是最根本的要求。其次，案例要具有真实性。案例只有来源于社会实践生活，才能真正提高学生的认识能力和实践能力。再次，案例要具有典型性。真实的案例并不代表都能作为案例服务于教学，案例要有普遍意义和代表性。最后，案例要有时代性。道德与法治课程本身就是具有鲜明的时代特征的课程，选用的案例也是为道德与法治课教学服务，因此精选学生所关注和熟悉的案例，而不能是落伍、过时的内容，只有这样才能引起学生的共鸣、吸引学生的注意。

（2）呈现案例

精选案例后，还需要选择合适的方式呈现出道德与法治课教学所需要的案例，这也是案例教学法的重要内容。通常可以把教学案例呈现的方式分为两大类，即传统的呈现方式和以信息技术为基础的呈现方式。前者主要表现为静态的、单一的文字呈现状态，后者主要是指教学案例的文字脚本通过多媒体技术呈现。道德与法治课程是一门生活型综合课程，而多媒体技术具有处理文字、图形图像、音频视频等综合能力，它能用图、文、声并茂的三维方式呈现教学案例的具体内容，激发学生的学习兴趣，进一步加强师生互动，充分发挥教师的主导作用和体现学生的主体地位。

（3）组织讨论

无论用哪种方式呈现案例，都要求教师有序地组织学生对教学案例进行讨论，这是案例教学法的实施阶段，该阶段可以根据教学实际采取各种具体的组织形式来讨论案例。一般可以先进行小组讨论，在此基础上以小组为代表进行全班的讨论和交流。在讨论案例的过程中，教师作为教学主导者，引导学生积极参与问题的探讨和寻找问题的答案，因此要注意通过各种方式来调动学生的积极性，鼓励学生勇于表达自己的观点；要注意及时引导学生思考，时刻把握住讨论的主题方向，防止讨论偏离主题；要注意对学生在讨论过程中的表现做出及时的反馈与评价。

（4）总结、评价

讨论结束后教师要对学生参与的案例分析情况做出小结。教师在课后要根据本次案例教学的效果，对案例在教学中所发挥的作用进行客观的、明确的评价。即使是精选的案例，也只有在教学实践中才能检验它是否适合课堂教学内容。因此，案例教学是一个从精选案例、呈现案例、讨论案例到评价案例再到精选案例循环的过程。

4. 探究式教学法

探究式教学是以解决问题为基本内容，培养学生探究能力和创造性思维的教学方法。道德与法治课程的生活德育理念强调实践教育，探究式教学法就是在生活中学习、在实践中提高的基本教学方法。运用探究式教学法要求教师积极鼓励学生坚持独立自主的探究式学习，同时教师要在课堂教学中为学生提供探究、质疑的环境和机会。小学道德与法治课的教学对象是小学生，这也要求教师在运用探究式教学法时要注意，“探究”的要求和内容要根据学生的身心发展特点来确定。探究式教学法的形式主要是小组合作，因为合作是更好完成探究任务的重要方式和形式。没有进行合作探究，任务就很难在有限时间内完成，就不能达到良好的教学效果。

这里简单介绍探究式教学的基本程序。第一，提出问题。在这个阶段教师可以根据实际教学需要创设合适的问题情境，帮助和引导学生自己提出要探究的问题。问题既能吸引学生注意力，有探究的意义，又要考虑学生的实际，不能太难。第二，提出假设。学生根据教师创设的问题情境所提出的问题，在教师的引导下通过小组讨论、交流，提出各种解决问题的方案或是对问题的看法，即进行各种假设。第三，验证假设。教师引导学生围绕假设进行各种推理，让学生运用所学内容去分析和判断假设是否成立。第四，总结。教师在学生探究结束后，要分析和总结整个探究过程中出现的问题，让学生及时反馈探究的结果。

探究式教学法是小学道德与法治课教学的重要方法，它既锻炼学生的动手实践能力，培养学生的探索和创造能力，同时也体现和尊重学生的主体性和自主性。但花费的教学时间较长，对学生已有经验的要求比较高，比较适合高年级的学生。总之，对探究式教学法的运用要根据具体的教学内容和学生实际情况确定。

第三章　小学道德与法治教学提升及资源利用

第一节　小学道德与法治教学学理分析

一、道德与法治课程的核心理念

首先，与国家全面促进法治的战略地位一致。我们都知道，道德和法治是公共行政的稳定因素。法律教育和道德教育是相辅相成的，不能被忽视。根据现代公共行政的基本原则，加强法治有利于国家的复苏，法治的崩溃将导致国家的混乱。法治是国家可持续稳定发展和社会稳定进步的最有力保障，是中国特色社会主义事业取得成功的最有力支撑。

其次，遵循道德与法治教育从娃娃抓起的原则。每个孩子都是国家的花朵，是国家的未来和希望。生命的最佳开端，崇高理想的诞生，崇高情感的繁荣昌盛，以及良好习惯的培养，都是在童年。有洞察力的人认为，教育的核心不是分享知识，而是培养个性健康的人。在中华民族的历史长河中，一直有着许多优良传统，“孟母三迁”“孔融让梨”和“曾子杀猪”等这些故事都是非常典型的例子。“只要功夫深铁杵磨成针”“老吾老以及人之老，幼吾幼以及人之幼”等这些名言警句，教给孩子正确的人生观、世界观和价值观，让他们从幼年起就以孝悌忠信、礼义廉耻、勤俭耕读等为出发点去生活。然而，由于这一时期的影响，传统的美德被宣布为封闭资本，教育的性质已经被改变，变得混乱，个人社会价值观被歪曲，年轻人被不正确的历史观所毒害，被眼前的小恩小惠所迷住双眼，拜金主义、享乐主义甚为严重，甚至丧失了基本的羞耻感和惭愧感，做出的一些事情是不道德、没有良知的。子女不赡养父母，经常打架、斗殴、寻衅滋事，甚至年纪轻轻就沾染上黄赌毒等不良诱惑，这样做不仅伤害了他们的家庭，而且还使社会变得乌烟瘴气，给国家以及民族带来负面影响。

最后，符合全球学校道德教育的改革和时代的变化，促进社会主义核心价值观走进课堂和学生的思想中。新的道德和法治教科书的内容主要涉及知识点以及学习与实践能力之间的关系。先是总结知识点，然后根据技能和案例分析，促进小学生参与的积极性。最重要的是，通过把一定的情境融入现实生活中，让学生能够更直观地理解感受并解决日常问题，教科书的内容更加充实和有趣，里面相关的基本知识的编写和描述是正确的、合理的、科学的、符合学生认知水平和真实的情感的。

二、道德与法治课程教材的特点

我国小学中所提供的《道德与法治》教材在编写时考虑到了现实生活和学生的接受程度。这门课的学习主体是小学生，教材的内容也与他们的生活相符。在学习过程中，让小学生逐步形成积极思考和积极学习的概念，使他们获得独立的思维和更为正确的学习概念。

小学道德与法治教科书的主题设计是非常积极的，视角也各不相同。它面向的是小学生所能接触到的整个世界，教学内容更为广泛，内容从小学生的角度进行规划，将生活中一些很平常的事件引入教育中，并且将教学中的知识点用实践进行验证，这样生活和学习才能更加协调统一，学以致用。小学生可以通过对教材的学习，掌握对事情基本的分析方法，逐步适应社会规则的要求，并掌握基本的自我意识和自我控制能力。

道德与法治教材的编写，一般来说应该符合以下要求：

首先，它一定要接近小学生的现实生活，并且要源于小学生的日常生活，使学生很容易理解和掌握需要的知识点，并在生活中很好地践行，这是一个重要的方面。教科书的内容应尽可能少安排一些文字性的叙述，可以用图片代替。尤其是三年级以下的课本，一年级、二年级和三年级学生不会长时间与文字打交道，理解能力是非常有限的，所以，如果把教科书制作成绘本，对小学生更具吸引力，并能使他们对学习充满兴趣。

其次，教科书要符合中国的特点和传统文化，增加社会主义基本价值观的知识，并找到正确的表达方式。除了道德教育的内容外，道德和法治不能成为一种纯粹的理论课程，隐藏在生动场景和画面中的道德和法律知识外的情感态度价值观，能够使小学生更加富有学习的热情，对小学生的生活更具有指导意义。

再次，教学材料的设计与课程的编制一定要符合小学生的个人道德发展实际情况。在学习知识的过程中，需要留有一定的空间让学生来独立思考，既要将必要的道德知识通过适当的方式教给学生，也不能完全不留给他们进行道德能力自我塑造的空间，而是应该让学生通过不断地学习，一步步提高自己的个人道德品质和法治意识。

最后，考虑到小学生自主学习能力的不足，根据新课程改革的要求以及道德和法治课程的原则，我们必须把重点放在小学生的主动探究意识上。在学习过程中开展一些富有特色的教育活动、实践活动，方便学生在学习过程中通过思考，去掌握和应用知识。

因此，从思想品德课到道德与生活课，再到道德与法治课，这不仅仅是一种名称上的改变，更是教育思想、教育理念的进步和更新。这将更密切地整合道德和法律，让学生更加明白自己应该做什么和不应该做什么，应该遵循什么，行动的基本原则是什么。在具体的学习过程中，教师应该改变过去传统的学习方式和教育教学模式，从学生的成长出发，使用更生动的教学方法，以使法律知识真正转化为学生的法律意识，使他们学法、知法、守法，成为合格公民。

三、道德与法治教学效果的经验与启示

（一）道德与法治课程要为经济建设和社会发展服务

小学教育是教育者培养受教育者思想品德的活动，根本任务是立德树人。基础教育必须符合客观的社会发展规律，适应人们内心的变化，促使学生从不同角度理解规则和法律标准，可以辨别不良行为，培养积极正确的审美观、价值观，这具有历史意义，在阶级社会表现为鲜明的阶级性。在社会的发展过程中，人们积累了一些道德守则，他们还必须依靠道德教育来实现世代相传，这就是为什么它也有某种继承性的原因。列宁曾经说过：“青年教育追根究底是共产主义道德事业的培养”，可见小学教育在社会主义教育中的重要作用。我们党始终认为，教育的道德和法治是教育全面发展的重要组成部分，它被看作是实现学习目标的一个重要途径。在 21 世纪，注重和增强道德与法治教育有着更为深远的战略意义。我们知道，道德和法治是新时代物质建设和精神文明建设的重要条件。我国当前的根本任务是促进经济发展，加快建设中国式现代化。要实现这个目标，一方面要紧抓社会主义物质文明，另一方面要紧抓社会主义的精神文明，这两种文明是分不开的。

（二）道德与法治课程要倡导人性化指导思想

近年来，各种媒体经常曝光一些学校学生受到不公平待遇的问题，引起社会激烈地辩论，如对学生实施体罚，在思想上对学生侮辱，不科学的教学方法引发学生的逆反心理等。在这些问题上，作为教师，必须首先明确教育的目的，即通过教育去实现人的价值，反映对人的生命价值的关心，使受教育的人可以实现智力和道德发展。教育要有开放且严谨的教学方针，还要有创新的教学思路，需要更深入地了解学生，根据学生的实际需要设计课程，使用人性化的教学方式。

第一，它必须根据受教育者（学生）的需要来定位。我国《道德与法治课程标准》明确要求：“在教学中必须融入中国传统文化，充分尊重学生的发展规律，对学生的价值

观、人生观和世界观提供指导，使学生能够直接应对困难，有团队合作观念，健康的人格和进取的精神”。新课程改革的主要变化是改变了以学科为本位和以知识为本位的做法，更加注重学生个人的差异，这一变化也为学校提供了对学生进行道德教育的权威性指导。

第二，建立和谐的师生关系，为人性化教育奠定基础。教育的双方分别是教师和学生，一个是教育人的人，另一个是受教育的人。在学习的过程中，这两方应该处于平等的地位，互相学习，共同成长。在严肃的课堂上，学生往往不会主动思考问题，而在比较民主自由的班级里，学生们则更深刻地思考问题，大胆地表达自己的观点，并表现出自己的个性。因此，这就意味着，教师在对待学生时，不能以“权威”自居，不能搞“一言堂”，不能“偏心眼”，要与学生共同探讨学习的真理、与学生共同进步，营造教室里开放、坦诚的气氛，使学生能够直接表达他们内心的想法，积极学习，逐步培养学生的学习习惯。另外，学生是否喜欢道德与法治这门课，是否愿意参与道德与法治教育活动，很大一部分原因来自教师的亲和力。这就要求教师要公平公正地对待每位学生，给学生表达自己意见的机会。如果教师能够关心学生，想学生所想，就会让学生觉得他们与教师的关系更加亲近，就会增强学生对学习的兴趣。为了实现这一目标，教师要对所有的学生一视同仁，不能以个人的好恶选择喜爱某些学生或厌恶某些学生，给予全体学生同样的关心和指导，同样的信赖和尊重，同样的鼓励和期望，会促进学生在各个方面全面发展。

第三，教科书中的知识要点应根据人性化的学习要求加以总结。教师是知识的传播者，是学生学习的榜样，是学生获得知识的重要来源。道德与法治要求教师要了解基本的教学要求，让更多的学生参与到学习的过程中来，通过教育让学生感受到人与人之间的关怀。因此，一方面，教师应当认真学习教学，了解教学内容的深刻含义；另一方面，他们必须根据学生的特点调整教学方法，一切从学生的实际发展需要出发，以人为本，立德树人。

（三）道德与法治课要贴近生活、评析生活、有层次性

学校的道德与法治指出：学生的日常生活是学习的基础。现如今，几乎所有的学校仍然在使用传统的教育方式，即教师站在讲台上给学生传授知识。学校为学生安排集中的培训班，并要求学生背诵小学生守则。这种教育和活动方式早已经不符合学生目前的生活环境，传统的学校道德教育和社会高速发展的轨道难以平衡，是教育工作者目前所面临的难题。因此，现代研究方法是对现代教育方法和教育内容进行的调整，以培养学生正确的道德和法律观点。从道德和法治教育方案来看，采取注重生活实践的教育战略是解决上述问题的良好方式。

首先，以生活为导向的学习战略要求学习内容从生活中汲取，要贴近学生的实际生活，使用真实的生活案例来激励学生进行思考。这样做可以有利于将道德培养和法治培养内化为学生的内在思维和思想。教师在课堂开始前可以做一些简单的调查，以了解学生是否已经掌握了一定程度的道德和法律知识，这也是下一步课堂教学的基础。

其次，以生活为导向的学习战略以生活经验为来源，使学生可以真正明白生活中的情感和真理，了解每个人的生活行为需要服从某些道德原则，并在正确的价值观下行事，其目的是个人和家庭的发展，寻求幸福的生活，从而增加整个社会的幸福指数。为实现这个目标，教师可在教育过程中酌情选择一些有代表性的现实事件或个人例子，并在心理层面加以分析，通过实例学生可以从自己的情感思维出发，从听取意见，进化到领悟真相。

最后，以生活为导向的学习战略应当使学生可以从生活中学习，并能评估和识别生活中发生的事情，能够理解道德与法治在生活中的作用、价值以及魅力，以便使道德与法治课程的教育影响力升华。在目前的教科书中，大多数生活范例都是由教科书的编辑人员删减或美化的，里面的事件和产生的教育意义往往更为理想化，但现实生活中的实际事件通常有着不确定因素或当事者的主观思维。因此，教师可以在教授教材的同时多引入一些现实中经常会发生的“困境”问题，创设实际情景，让学生有机会思考和评价，既能帮助学生提高他们的道德意识，也可以使课堂教学更加贴近现实生活。

简言之，小学教育不能脱离小学生的现实生活，必须与社会发展和生活密切相关。我们应该通过道德与法治课程的开展，为小学生提供一个了解社会和生活的新渠道。道德与法治课程的教师应当是学生人生道路的导师，他们应当采用生活化的教学方法，应该时刻关注孩子的思想变化，及时提供帮助，让学生过上有意义的生活。

第二节　小学道德与法治教学效果提升策略

一、优化课程资源，提高教师素养

（一）掌握教材知识联系

在讲授“道德与法治”课程之前，教师应仔细阅读教材，特别是要将不同的知识层联系起来，将课堂教育与课外教育结合起来，让学生学以致用，正确理解和运用学到的知识。学生应在正式上课前做好充分准备，包括寻找教育材料，从现实生活中找到生活中遇到的一些小例子等等。在实际教学中可以应用基于经验的教学方法，为了鼓励学生参加小组讨论或集体讨论或情景游戏，教师可以让学生们通过图片或文字来表达他们的个人感情，并公开展示学生作品，丰富教材内容，培养学生的创造力。

（二）充分发挥课外资源作用

学校生活有一定的局限性，远不如社会教育更加广泛。因此，道德与法治的教材只是教学内容的一部分。学生需要在社会课堂上进行更深入地学习，这就要求我们在现实中改进新的教学方法，改变传统的教学模式，提高学生学习的真实感。

（1）请学生检验他们在生活中所学到的知识。当学生们感觉到在课堂上学到的知识对生活有实际影响或可在生活中加以检验时，他们会更加能够理解知识的深层含义，更好地内化为个人意识并有意识地调整自己的个人行为。

（2）加强非课程学习。与有限的教材相比，校外知识更受欢迎。教师可以督促学生在学习过程中收集时政或社会新闻信息，可以通过互联网和报纸收集和整理信息，然后解释主题，一起进行学习。所以，没有一直不变的学习方法，教学也不应仅局限在课堂内，教师完全可以增加学生课外生活的教育空间。教师带领学生到社会大课堂中充分学习，老师首先自己应该知道如何使用生活中的知识，对所有可见的学习资源必须进行整合，以适应学生实际学习的需要，并取得良好的学习效果。

（三）保证理论知识的生活化

随着课程改革不断地发展，道德和法治教育必须以学生的现有知识和经验为基础进行推进。因此，在设置课程后，教师应不断改进课堂教学，将有效的教育知识与生活相结合，确保课程的完整性、有效性。教育是现实的，教师在开始上课之前，必须超前备课，充分考虑学生的身心发育规律和认知水平。从学生在这一阶段的生活经历开始，确保教育的相关性，并从学生的角度，专注于发展教学经验和减少说教教育。可以说，只有真正结合生活知识和教学材料，才能发展学生的全面能力，满足学生的学习需要，使教育的质量获得提高。

二、及时更新教育理念，变助学生实现有效学习

简言之，新课程改革的要求是从课程开始，充分考虑现实，鼓励学生采取行动，创建情境，把课堂从学校提升到社会，在生活中学习，在学习中生活，用学习去理解生活，积累生活的考验就是学习。对老师来说，这样就是把生活融入课堂内容，更好地激发学生的

潜能，使整个班级充满活力。

（一）建立真实情境，激发学生学习潜能

毕竟，在课堂上学习是不能代替现实生活的，但在课堂上的学习能够创建现实生活的情景。在课堂上，教师可以创造一个真实的场景，吸引学生参加，使用语言描述和一些教学工具，使学生能够思考其中的情况。例如，在“表扬和奖励”课堂上，可以设置脚本：有一个曾经在某一特定报纸当记者的人，在写一个特定的报告。最后，他在结尾处写了几句真诚的话，这些简单而真诚的话震撼了小偷，这个小偷以高超的手段犯下了多次罪行，却没有被发现，现在却因记者的话就此改邪归正。学习任务是让学生思考，作家到底写了什么，是什么样的话语能使小偷这样感动。因此，一方面，让学生懂得如何真诚地赞美和感谢他人；另一方面，让学生们感受到别人的感激和认可，这是能够震撼人的心灵的事情。这种情况主要是为了恢复教室的气氛，使学生在主题明显的情况下，根据情景认真仔细地思考，这就是课堂离不开生活和生活离不开课堂。

（二）拓展生活课堂、提高实践能力

在初级教育中，道德教育和法治教育必须改变强迫性思维的教学方式，为了使学生可以以自己的方式积极参与，积极思考问题，在思维中创造积极的价值观和世界观，课堂学习必须以生活为基础，用简单的语言来总结生活中的真理；同时，课堂学习不能脱离现实生活。例如，在讲解“情绪能够调整”这一内容时，可以给每个学生送一张幸福的明信片，当他们沮丧，请他看看幸福的明信片，放松他们的情绪；当他们快乐的时候，打开一个幸福的明信片，把自己的快乐加进这张卡片中。课堂教学应当是包容和开放的，学生应该是自己主动去参与，而不是被强迫参加。

（三）转变教育理念，转被动学习为主动

对教师来说，必须清楚地认识到，帮助学生学会学习比单纯传授知识要好。只有让学生学会正确的学习方法，他们才可以帮助教师及时改进教育和思考，让学生更有效地参与学习。因此，在小学的“道德和法治”教育中，教师必须认清帮助学生掌握理论知识是非常重要的，为提高学生的整体素质和水平奠定基础，更要帮助学生掌握自主发展的学习方法和技能，养成良好的学习习惯。教师还必须在小学“道德与法治”课上及时更新教育课程，使学生有足够的空间积极参与，不只限于课堂上的时间。但也必须清楚，我们小学在教授和教育“道德与法治”方面也有一定的困难，只有当学生能够很好地理解这些知识

时，他们才可以做到这一点，他们才可以更好地整合知识，实现他们理想的教育目标。

三、优化教学方法，转变学生学习方式

为了加强小学道德和法治课程的建设，为了实现交换教育的目标，教师应全面了解学生在这一阶段的失败和成就，积极支持创新教学方法，优化教学结构，鼓励学生积极主动地学习和创造。对小学生来说，在学习过程中积累知识是至关重要的，只有让学生积极参与学习，他们才可能愿意积极探究，继续激发学习的兴趣和活力，提高学生学习和解决问题的能力。在这方面，教学留白被提了出来，并已成为一个最有效的学习方法。根据这一教学方法，教师不再将太多的知识传授给学生，而是给他们足够的思考和实践空间，鼓励学生自己主动积极地学习，提高学生探究知识的欲望和需求，让学生能够学以致用。这种教学设计方法在小学“道德与法治”教学中的使用，可以有效地提高课堂效率，有助于提高教学的质量。学生通过自己的想象力去思考问题，摆脱传统的思维方式，培养良好的学习技能，找到科学的答案，提高学习效果，并形成正确的思想价值观。

（一）让学生成为课堂主角

在教学中最重要的角色，学习的主体，就是学生。学生是课堂的主人，课堂应该是学生展示自己的舞台，课堂应该要以学生为主。教师是指导和引导学生的人，而不是课堂上的主角。课堂学习应始终以学生为主角，围绕着学生进行，使学生能够主动思考和参与，课堂上教师应该用一种尊重、温和、平等的态度对学生负责。比如，在及时了解“我爱爸爸妈妈”的内容时，老师可以和学生们一起总结，感受爸爸妈妈对自己的爱，以及他们对爸爸妈妈的爱，鼓励学生在真实生活的细节中、小事中找到爱。教师必须确认学生的主体地位，在自由、民主、平等的课堂氛围下与学生进行友好地交流。

（二）鼓励学生大胆尝试

教师有时会担心，怕自己对于细节方面的讲解使学生理解不了。对此，教师必须相信学生的学习、理解能力，以便学生能够积极学习和掌握教科书中的内容。学生们将利用自己的学习方法进行学习和实践，积极进行研究。当然，可能会很难对学生进行跟踪调查，或者学生可能在最后的学习效果不佳。但学生在学习过程中学生会学到很多的知识，而这些事情，他们却不一定能在平常的书本中学到。如果老师继续强迫学生学习，学生会认为这是“老师让我学”和“家长让我学”，而不是“我想学”。教师教学中鼓励学生参与，让学生自己找到答案，让学生明白“我需要学什么”。

(三) 鼓励学生发现问题、提出问题

孔子曰：学贵有疑，小疑则小进，大疑则大进。这意味着在学习中最重要的是敢于质疑，敢于提出问题。小问题解决后可能会有小的进展，而大问题解决后可能会有更大的进展。一般来说，这就是鼓励学生主动发现问题，提出问题并找到解决的办法，学生的问题也正是教师教学的出发点。所以，教师应适当鼓励学生，使学生能够自己找到问题。例如，在“公共设施的维护”课上，老师可以举个例子：有个孩子去公园玩耍，他在公园的座椅上乱踩乱跳，他把他的个人物品随意扔在河中的船上，他随意敲打健身器材。让学生们积极思考：“我们生活中的公共设施都有哪些?”“这些公共设施的特点是什么?”“我们应该如何对待公共设施?”“如果我们不爱护公共设施，后果是什么?”将学生分成几个小组，每一个小组对问题进行讨论，并在讨论过程中了解公共设施，养成“爱护公共设施”的习惯，在生活中自觉践行。

四、坚持以人为本思想，创建和谐教学氛围

(一) 突出学生为主题，促进学生全面发展

首先，在现代教育概念方面，必须着重强调学生的主体地位，因此，教师必须解释学生在教育过程中的地位和重要性，并真诚地强调学生的主观能动性，增加学生的情绪经验，帮助学生树立良好的世界观、人生观和价值观。所以老师要及时更新自己的思想，正确理解自己的地位，加强学生和教师之间的沟通，提高学生的学习热情，建立民主、平等、和谐的师生关系。

其次，教学中我们必须确保学习的进步和目标的合理性。在课堂上我们还应该了解学生学习的状态和学习的方法，以及科学和有效的教学方法，为学生创造一个良好的学习环境。如果学生的兴趣没有很高涨，教师必须及时分析学生产生这一状况的原因和问题。与此同时，教师还必须明确表明自己的立场，使学生在课堂上有一个愉快的情绪，并提高他们的学习热情。在制定新的课程改革时，我们必须及时调整道德和法治教育理念，建立一种合理的教学模式，根据对学生现实学习环境的分析，不断更新教学思路，制定一个有针对性的教学战略，实现教学环节的优化和创新，提高课堂学习的质量，满足学生发展的需求。

最后，教学过程中，教师还应当积极分析教学内容和目的，及时转变自己的思想和调整自己的教学行为表现，考察各种可能会影响学生成果的因素，做好各种教学准备，提高

课堂的质量，满足学生的个体发展的需要。

（二）重视引导学生的体验探究

皮亚杰是认知心理学领域的一位代表，他指出，当儿童与行为或做法等道德环境有一定的互动时，儿童的道德标准将得到改善和增强①。新教材“道德与法治”与学生的生活联系密切，引进了新的方法，如研究、访谈、角色扮演和讨论等。这种变化也更好地反映了“实践创新”的基本理念。因此，我们的教育必须以学生的“学习活动”为基础，每个活动的定位必须以全体学生的最大参与度为基础。在课堂上，学生们可以通过交流和课堂讨论，全面自我学习和理解，提出问题，并体验知识的发现和验证过程，最终解决问题。学生与生活环境有着紧密的联系，有着不同的感受，学生通过学习不同的知识，逐渐获得不同经验，个人的理解也会不断升华，达到预期的学习目标。

（三）立足实际，积极推行教学生活化

教学内容是日常生活的一部分，要求教师充分接触学生的生活。学习品德，强调行动。在课堂上，老师要教会和引导学生，从我做起，从小事做起。在实践中，感受到了良好道德给别人带来的幸福感和带给自己的责任感。如果脱离学生的实际，教师的教学就失去了基础意义。因此，教师必须根据课程标准的不同规定来制定课程和课程计划。同时，教师组织的教学活动不仅应以学生的生活为基础，而且还应超越学生的生活，让学生接受正确的价值观。教师必须能够根据学生的实际生活，找到和学习具有教育价值的研究课题，帮助学生开展有意义的活动。提供实质性和实际的课程，使学生能够积极参加课堂活动，在生活中体验学习，提高品格，保持良好习惯，形成正确的思维和观念。

第三节　小学道德与法治课程资源的开发与利用

一、道德与法治课程资源开发与利用的重要性

作为一门综合课程，小学的“道德和法治”具有重要的作用，它能增强学生应该具有

---

① 让·皮亚杰（Jean Piaget，1896年8月9日—1980年9月16日），瑞士人，近代最有名的儿童心理学家。他的认知发展理论成为了这个学科的典范，一生留给后人60多本专著、500多篇论文，他曾到过许多国家讲学，获得几十个名誉博士、荣誉教授和荣誉科学院士的称号。

良好的道德观念和法治意识，弘扬社会主义核心价值观。正确理解课程资源的概念和理论基础，对课程资源的开发和使用之间的关系的合理理解以及对课程资源的价值的解释，对于有效发展和提高教学质量至关重要。

（一）课程资源的概念及开发与利用的理论依据

1. 课程资源的概念

课程资源是指课程中各种因素和条件的结合。这是每门课和整个课程客观存在的基础条件。根据课程分类的各种标准，我们可以将课程分为课程的内外资源、自然资源、社会课程资源、文本资源、材料资源、活动资源和信息资源、明确的课程资源和无形的课程资源。它具有可能性、特异性和多样性的特点。

小学"伦理与法治"课程资源是指可以用于小学伦理与法治课程设计与实施的资源，它能真正进入德育和法治教育的现场，与教学活动密切相关，包括课堂内外教学、校内外社会教学等。这些都是有助于提高学生道德和法治能力的各种资源。小学阶段的《道德与法治》课程资源具有开放性、生命性、多样性和完整性的特点，课程资源的开发和利用可以丰富教学的基本内容，进一步促进小学生良好道德观念和法律意识的形成，实现教学效率的提高。

2. 课程资源开发与利用的理论依据

（1）新一轮基础教育课程改革理论

2011 年，教育部出台的《基础教育课程改革纲要（试行）》明确规定，要积极开发校内外不同课程，合理利用和支持课程改革。课程的变革必须得到课程资源的大力支持，否则很难实现。

（2）课程与教学论

一般来说，课程是一种基本的教育体验，许多因素对课程都产生积极的影响。教学基本上是教师和学生之间的一种特殊互动，其目的是通过对话，在文化知识领域继承和创新；教学活动就是向学生传授可能对学生产生积极影响的各种因素的过程。在这一学习过程中，我们需要调动各种因素，这些因素将有助于该课程丰富教学活动，因为这些因素对主体有积极影响。可以看到，教学活动的顺利发展应该有丰富的教学资源来做保障。课程若想得到顺利实施，需要我们不断开发各种资源，丰富和充实课程内容。

（3）教育心理学理论

知名儿童心理学家的认知发展论，将儿童群体的认知阶段分为四步，每一步都有调整程序和吸收的过程，这个过程要求我们在教学中必须发展和利用足够的适合学生认知发展阶段特点的教学活动。奥苏贝尔的有意义地接受学习理论指出，学生在学习过程中，应该能够在发展的环境中接受教育。这也要求我们发展一种有助于学生在教学过程中学习的合乎逻辑和有能力的教育，使学生能够积极参与。人本教育精神理论要求我们从人的角度来制定和利用课程资源，重视与生活密切相关的资源开发，为学生创造健康快乐的教育环境。

3. 课程资源开发与利用的关系

课程资源的开发和利用是相辅相成的。没有课程资源的开发，就无法讨论课程资源的利用问题；开发是存在的前提，使用是开发的目标。事实上，所谓“道德与法治”的发展意味着找到一切可以进入课程的东西，以及与该课程教学活动密切相关的资源，充分利用已经发掘的培训资源，使这些资源在实际培训活动中发挥作用。包括对原有资源的培训课程进行重组，创新利用现有资源，综合利用未来和现有资源。

在制定和使用“道德和法治”课程资源的实践中，我们看到：课程资源的开发与课程资源的有效利用是分不开的，课程资源的使用也取决于更明智和更有创造性的发展。课程资源的开发和使用过程中的“道德与法治”密切相关。课程资源开发的过程还包括特定用途，在使用过程中将进一步开发课程资源。课程资源的开发和使用之间的协同作用，有助于为道德和法治课程提供高质量的资源，在课程资源的使用过程中也能促进课程资源的进一步开发和丰富。对现有资源进行创新，使课程资源的开发与利用与时俱进，才能更好地理解“道德与法治”课程资源。正确认识和把握课程资源开发与利用的关系，才能更好地推进课程改革，促进德育活动的有效开展。

（二）小学道德与法治课程资源开发与利用的意义

课程工具是保证新课程实施的重要手段，新课程的实施离不开课程资源地开发和使用，尤其是在小学道德与法治课程的教学活动中，要求教师设计出多种多样的教育活动和开发丰富的课程资源。这有助于学生学习积极性的培养，激发学生提高学习的兴趣，这就是为什么丰富的学习资源对课程的制定非常重要的原因。制定和使用课程资源可丰富小学的道德和法治教育内容，促进新课程的开设、实施，鼓励教师提高学生的专业精神和对道德和法治课程的认识；同时，它可以更好地贯彻落实国家对青少年道德与法治教育的要求，并有助于课程改革的推动和落实。

1. 有利于推动道德与法治课程教学的实施

“道德与法治”是一门新兴的课程，尽管它继承了道德教育领域之前的概念，但为了加强小学法治教育，在新课程中增加了新的德育内容。同时在道德教育过程中也增加了新的课程内容，深入进行法治教育，弘扬社会主义的基本价值观，使学生从小就能够懂得自我约束，养成良好的道德品质和行为习惯，培养学生的诚实感、规则感和正义感。按照“我的家庭、学校、社会、国家、世界”的规则，道德与法治课程界定了“我的健康成长”“我的家庭生活”“我们的学校生活”“我们的社会和公共生活”“我们国家的生活”“我们生活的共同世界”六个方面，这些都是以小学生的身体成长和生活知识的逐步扩展而组织起来的。小学每一个年龄段的学生都有自己独特的认识水平，因此我们必须开发合适的教学资源，根据学生的心理特征开发适合小学每一阶段的教学资源，帮助小学生更好地适应学习环境并接受课程内容。同时，我们必须考虑到学校和社会的不同情况，以现实为基础，并根据当地情况来开发可利用的教学材料。道德与法治课程一定要改变传统的以德育为基础的传统教学方法，把德育与法治教育有机地结合起来，使学生能够在丰富的教育环境和教学活动中感受到道德和法治精神的力量。因此，要鼓励学校和教师开发利用多种促进德育、法治教育的教育资源，进一步丰富课程内容，促进道德和法治课程的发展。

2. 有利于提升道德与法治教师的专业素养

在课程资源的制定和使用中，教师不仅可以提高自身的道德、法律知识水平，而且可以促进自身的专业发展，从而提高自身的教学能力和教育水平。首先，小学教育中“道德与法治”的目标是针对那些道德和法治知识有限的儿童。作为一名道德与法治教师，必须了解小学生的成长阶段和身心发展规律。小学阶段，榜样的力量是巨大的。首先，教师要有良好的行为举止和法治意识，以身作则，从自己做起，在日常生活中观察自己的言行，不断提高个人素质，给小学生一个好榜样。其次，在编写教材之前，道德和法治教师应深入学习和研究道德和法治课程，应熟悉道德和法治课程的性质和特点，以及教育和教学要求，并且要具有很高的知识水平。同时，教师不仅要清楚地了解课堂教学，及时地开发课堂动态资源，而且要善于发现潜在的学习机会，在学生生活中学习资源和善于沟通，这就对教师队伍建设、专业技能和个人特点提出了更高的要求，要求教师更好地了解教学材料和课程制度，增加稳定知识，提高稳定能力。第三，学生档案类型不是教师自己的活动。在这个过程中，教师从一个简单的授业者转变为一个与学生一起学习的参与者。这一身份的转变帮助教师改变了角色意识，也帮助教师转变了教学方法，让教师提高自身的教学水平。最后，“道德与法治”这门课势不可挡。课程理念和课程类型要求教师进一步转变观念，提高对课程的理解，增加不断思考的能力，能够运用新的理念培养学生的创新意识，挖掘新的教学方法，发挥创造性与发展性等多种优势，同时教师也完成了自身的升华与课程的开发与利用，提高了自身的专业水平。

3. 有利于培养学生的道德意识和法治观念

学生是学习的主体，既受益于课程资源，也是课程资源开发的参与者。道德和法治教育方案的资源主要是以小学生日常生活课程的资源为基础的，并与各种资源相匹配，这些活动有助于小学生的身心发展。这些广泛和开放的教育资源可大大提高学生对道德和法治学科的兴趣。小学生受到自然生活环境的影响，能够增加他们的知识，并融入道德和法律教育的学习中，这将有助于他们获得更适当的经验和理解。《道德与法治》教育的目的是使儿童能够在道德和法律上有意识地生活。在编制课程资源的过程中，学生从知识学习者变为课程参与者，从而改变了小学生的学习方式，提高了学生参与学习和联合研究的能力。学生本身就是道德和法治课程活动的载体，根据新的课程概念，学生不仅参与了课程资源的开发，而且还参与了道德和法治的长远发展。在制定和利用课程资源的过程中，学生与教师、学生和学生的合作，继续加深他们的理解。道德和法治同时也在精心设计自己的道德和法治的认知体系。事实上，学生从非操作性的认识转变为积极的有经验的体验者和研究者。通过不断地参与和探索，学生逐渐认识到道德力量和法治精神，不断提高道德意识和法治观念。

4. 支持深化小学德育课程改革

道德与法治课程结合了道德教育和法治教育，以满足当时的发展需要。在新时代推进社会主义核心价值观和发展社会主义建设有什么意义？新课程的开设和运用，丰富了党的执政理念和教育实践的内容，也有助于促进道德和法治建设，提高道德和法治课程的水平，使学生不仅能够掌握良好的道德知识，培养道德意识，还可以体验法律的基本知识，提高法律意识，创造正义的理念。课程的开发和使用适应了新的课程转换要求，并为课程提供了最新和最实际的安排，保证了课程的顺利实施，使教学能更好地满足社会需求和学生的现实生活，有助于课程改革的顺利进行。

简言之，道德和法治课程资源的开发和使用，提高了道德与法治课程内容的主题性，推进了道德与法治课程的实施，提高了教师的专业素质，促进了学生的发展，推动了教育改革的创新。所有这些都产生了积极的影响，具有重大的历史意义和现实意义。

二、道德与法治课程资源开发与利用的方法策略

为了更好地开发和利用课程资源，我们必须首先遵守制定和使用课程的基本原则和要求。必须从提高道德研究和法治课程在教育中的地位入手，让教师充分发挥主导作用，整合课程资源，促进课程资源可持续使用的内容，促进道德和法治课程的开发和使用，帮助课程改革顺利进展。

（一）小学道德与法治课程资源开发与利用的原则和要求

1. 小学道德与法治课程资源开发与利用的基本原则

小学道德和法治课程的性质要求我们在开发和使用资源时遵守开放性、生命性和主动性的基本原则。

首先，小学发展和使用“道德与法治”教育资源，要求我们遵守开放性原则。小学的道德和法治是一门比较开放的课程，这意味着道德和法治教育不只限于课堂教学，它还应面向生活和社会，采用不同的教育教学方法，并以不同的方式开发和使用课程资源。例如，在教授二年级课本中的“我们生活的地方”一节时，教师可以要求学生调查并展示自己家乡山水风景、物产种类。根据教科书的要求，通过讨论和交流，了解家乡的特点，感受家乡多年来的变化；另一方面，也可以帮助学生了解和熟悉我们生活的学校、我们生活的城市，感受它们的发展变化；同时，我们可以使用其他的学习方法，如现场访问和视频观看等。因此，从课程资源的开放性的角度来看，与社会生活中的道德和法治有关的所有资源，在学校课程的学习中都能纳入道德教育及法治教育，这为我们开发和利用道德和法治资源提供了广泛地选择机会。

其次，小学道德与法治课程资源要求我们必须尊重生命，坚持生活化的原则。著名的教育家陶行知曾经说过“生活就是教育”。作为一个面向生活的课程，道德与法治教育来自生活并高于生活，这就要求我们尽可能地找到生活中的课程资源，使用更贴近小学生的生活的资源来进行教学，让学生在每天生活的环境中感受到道德力量和法治力量，能够认识到自己与家庭、学校和社会之间的关系，在生活教育中提高道德意识和法治意识，做合格的社会公民。例如，在第三年级课本第二卷中的“道路安全与我”的学习时，我们可以用交通信号灯、交通标志等来学习，因为这些学生在生活中能够经常看到，更能说出这些现象背后的实际道理。通过学生对这些标志的理解和教师的指导，学生能够比较容易地了解道路安全常识和《道路安全法》的执行情况，养成遵守道路交通秩序的好习惯。

再次，小学道德和法治教育资源的开发和使用要求我们具备主动性的原则。一方面，作为课程开发和使用资源的主体，教师应提高对课程资源开发和使用的意识，不断提高教材开发利用的能力和水平，主动进行创造性地开发，与时俱进，更新自己的思想认识，寻求突破，不断丰富小学德育法治的课程资源。另一方面，小学生作为学习研究道德和法治的主体，要求我们根据学生的心理需求和认知能力，充分了解学生身心发展的规律来制定课程所需的资源，并注意科学、合理地使用课程资源。在资源的利用上，必须考虑到小学生的参与度，让小学生参与课程资源的选择和使用，这样可以让小学生从中真正感受到道德和法律的力量，培养他们的道德意识和法治意识。在制定和使用课程资源的过程中，教师必须把握好对资源的正确、有效地选择，明确教师的作为资源选择的主导地位，要以学生站在资源学习的中心、充分发挥学生的主体作用为原则，不断收集丰富的教材资源，并进行有效地整理。

2. 小学道德与法治课程资源开发与利用的基本要求

除了寻找相关资源的基本原则外，还必须遵循课程的基本理念。开发和利用课程资源，以课程理念为指导，提高小学生的综合能力，使课程的设计和资源的利用与目标相结合，并且使课程要求有助于提高学生的基本素养。

第一，遵循道德和法治学科的基本思想。道德和法治课程的基础是《道德与生活》《青少年法治教育大纲》，还有党和国家关于依法治国的规定，在中小学普及法治教育以及贯彻落实道德基本目标和要求、促进人的发展的规定；另一个重要基础是社会主义核心价值观。在小学，道德和法治仍然延续了以前的品德和社会生活的基本概念，但它又增加了新的法治观念，使这两种形式形成了一种新的伦理观、道德观和法治观。首先，道德与法治可以帮助学生参与社会生活，学会做人。课程的核心是引导学生的成长和形成社会主义的基本价值观。把法律的约束力、认识的本质与道德教育和精神的影响密切联系在一起，促使人的改进和提高，使参与社会、学会做人的公民素养教育可以有更多的实践内涵和目标。其次，道德与法治是小学生生命教育与社会化成长需要的基础，道德与法治必须贴近小学生的生活，使学生能够在生活中感受到道德的力量和法治的精神。再次，道德与法治教育课程最根本的任务是实效性，提高道德教育和法律教育的效果。道德教育与法治教育的根本目的是提升小学生的伦理意识和法治意识，使小学生成长为具有良好道德观念和法治观念的好公民。课程的应用应遵循课程的基本理念，学生的课程开发也应与学生的基本理念相适应，这就要求我们注重小学生在“道德与法治”资源开发与利用中的积极参与和实践活动，并将具体的道德与法律事件结合起来，使小学生逐渐活跃起来，成人成才，逐步成为有素质、有修养的社会主义好公民。

第二，全面提高学生的基本素养。基本素养是学生在学习阶段必须逐步形成的品格和能力，这有利于个人发展和满足社会需求。基本素养的基本概念是要使学生成为全方位发展的人，需要培养三个方面：社会参与、文化基础和自主发展。将这三个方面细致的区分后分别是：人文背景、科学精神、学会学习、健康生活、责任担当、实践创新六个创新特点。

具体到道德和法治的基本知识主要包括：第一，在提高学生道德认识和价值判断的同时，提高学生的道德意识和道德反省；第二，提高学生对个人、家庭和社会的认识，了解人与自然之间的关系；第三，培养学生的生活技能，包括学习、交流和管理技能等；第四，提高学生的公民意识，公民意识的提高包括民族意识、权利义务意识、规则意识和法治意识等；第五，鼓励学生积极参与社会活动，学以致用。

为了培养学生在道德和法治课程中的这些素养形成，我们需要准确理解道德和法治基本知识在设计和使用课程资源方面的重要性，增强在设计和使用课程资源时的目的性；同时还要优化课程资源的设计，使之更加有利于提高学生的基本素养。例如，教师在讲授《道德与法治》二年级第一卷“我们的公共场所”一课时，可以以学校这一公共场所为例，对学生进行培训和鼓励，鼓励学生爱护学校的公共财物，提高学生的环境保护意识和对其他公共财物的保护意识。比如在学校里要遵守学校规章，教师应该教导学生爱护学校的环境，不要随手扔垃圾，要学习垃圾分类的生活技能；当学生们去学校时，应让小学生理解，有秩序地进入和离开校园的重要性，这能够培养他们对规则的理解。在开始上课之前，教师必须清楚地认识到，上课的目的是提高学生的基本素养，根据学生的具体生活经验情况来组织学习，达到培养学生基本技能和品格的目的。

（二）小学道德与法治课程资源开发与利用的主要途径

“道德与法治”课程要求我们加强有关设计和使用的研究。在“尊重基本原则和要求”的基础上，为培养课程资源提供保障，为了提高教育系统的道德和法治地位，充分发挥教师在教学过程中的引导作用，开发和整合不同的教学资源，使教学内容更加丰富，提高教学质量，完成育人目标。

1. 提高道德与法治课程在教学体系中的地位

思想政治理论课是国际环境与发展学院基础项目实施的关键。思想政治教育的作用是不可代替的，思想政治的教师责任重大。小学道德与法治作为促进小学生道德法治教育的课程，对于加强青少年道德法制教育、弘扬社会主义基本价值观、实施法治，具有重要的现实意义。因此，我们应该把道德与法治相结合的课程放在教学体系中重要的地位。

首先，学校应重视建立纪律、道德和法治制度建设，并在学校课程中加强道德和法治意识的培养。学校必须对培训活动进行科学规划，确保适当的道德和法治培训时间，并及时加以监督，以确保教学的质量和进展。同时，学校应该从科学的角度建立一个评价机制，对教授道德和法治课程的教师适当鼓励和倾斜，以便更好地评估学习的效果。

其次，学校要高度重视专业的道德与法治教师队伍建设，加大投入，配置优质的教师资源，选择专业的青年教师担任道德与法治的专业教师。同时，学校必须加强对教师的培训，建议聘请专家和研究学者培养和发展教师的专业能力。学校应定期组织教师进行道德和法治方面的培训，以参与教学、研究和监测学校课程。为了加强该科目的教育和科研能力，可以建立相应的学习小组，对选定的课程经常交流和观摩，提高教师开发和使用课程的能力。

再次，家庭和社会应该重视小学生的道德与法治教育。父母应该与学校积极合作，积极参与学校组织的道德和法治活动，让学生将学校知识与现实生活联系起来。教育部门和有关社会机构也要积极支持小学道德与法治教育，对于那些有利于小学生学习道德和法治课程的公共场所，如博物馆、展览馆等社会资源要主动的对学生进行开放，在整个社会环境中营造一个重视德育和法治教育的良好氛围。

最后，建立鼓励发展和利用“道德与法治”课程资源的机制。在某种程度上，开发课程资源是一项复杂的任务，它不仅需要教师拥有相关的专业知识和技能，教师也必须从原有的传统思维中走出来，在制定课程资源时要有系统性、完整性和创新性。一般来说，教师往往缺乏对新事物的信心，因而难以自行制定课程。因此，需要建立一个激励机制来鼓励教师开发课程资源，这非常重要。一个好的激励机制的建立可以提高教师在设计过程中的积极性，这个机制包括精神方面，也可以是物质方面。一方面，在编写学习材料方面，有突出成果的教师可以受到表彰，如颁发荣誉证书、授予荣誉学位等；同时，在后续教师的晋升或评职称中，把教师开发和使用课程资源的能力也可以纳入其中，作为重要的依据之一。另一方面，课程的开发和使用也可以纳入教师考核，那些注重课程开发和使用的教师在教学中可以获得更多的绩效工资。上述激励措施都能在一定程度上有效地调动教师的积极性，促进课程资源的有效设计和利用。

2. 充分发挥教师在课程资源开发与利用中的主体作用

思想政治发展的关键是发挥教师的积极性、主动性和创造性。思想政治课教师应该在学生心中播下真理、善良和美丽的种子，帮助他们在自己的生活中扣好人生的第一粒扣子。在课程与学生之间的联系中，教师在组织和开展教学活动方面起着主要作用，这要求我们明确教师在制定和使用课程资源方面的主体地位。此外，学校还应加强对教师培训和使用课程资源的意识，让教师们不断提高自己开发和利用培训资源的能力。

(1) 明确教师在道德与法治课程资源开发与利用中的主体地位

根据标准教育模式，大多数教师认为教材的编写是相关专家或教育行政部门的事情，他们只是教材和课程的实施者。但是随着教育观念的变化，我们逐渐意识到教师是课程资源制定和使用的主体。由于教师是课堂的引导者，是课程与学生学习之间的桥梁，因此他们对课程和学生是最熟悉的。在平时学习中，只有教师才能更好地了解学生的性格、兴趣和需求，因人而异地选择适合学生发展特点和学生真正需要的课程资源。在这一方面，教师所处的地位以及与学生的关系是参与课程开发的其他专家和学者不可替代的。一方面，作为课程资源开发者，教师应进行全面调查，并确定好与课程内容相符的课程资源，根据课程目标、教学要求对教学内容有关的问题进行识别；另一方面，教师作为课程资源的主要使用者，必须对已经开发的各种课程资源进行筛选、甄别，应该选择和教授最符合学生成长要求的课程资源。同时，汇集和整合现有资源，最大限度地利用好课程资源，发挥课程资源效益的最大化。尽管教师既是课程资源的开发者，也是课程资源的使用者，但在现实中，由于时间和精力有限，教师仍然需要更多来自社会、学校、专家和研究学者的指导和帮助。只有多方整合，教师才能保证最大的教育效果。

（2）增强教师开发与利用道德与法治课程资源的意识

教师作为制定和使用课程资源的主体，首先要认识到自身的优势，转变角色和思维方式，并从根本上改变课程资源的开发思维，将其作为教学的主要任务。课程资源要求教师采取主动行动，积极识别、筛选、制定和使用。教师们也一致认同，教材的开发是他们学习的重要组成部分。现在是课程改革的关键阶段。“道德与法治”在小学实行了一年多，由于课程性质发生了变化，新的课程教学迫切需要大量的教学资源。为了丰富课程内容，教师需要把课程的开发和利用作为一个重要的出发点，改进教学，及时开发和使用课程学习时所需要的资源。其次，教师必须明确学习资源的范畴。教师必须认识到，教材不仅是教学资源，教师自身也是重要的学习资源。在教学过程中，教师要学会运用自己的知识和经验来指导和教育学生。同时，教师在开发和利用课程资源时，必须根据自己已有的知识和技能来定义和选择自己的课程，这就要求教师及时补充知识，提高技能，加强自身专业素养。

（3）提高道德与法治教师课程资源开发与利用的能力

提高教师制定和使用教学大纲资源的能力，教师要明确教育课程工具设计和使用的质量、水平与教师开发和使用课程工具的能力有着高度的联系。首先，教师必须注重提高教学和实践能力，积极学习课程资源开发利用的理论知识，熟悉教材开发和使用的相关课程要求，能够去发现和掌握生活中的道德与法治课程资源，并且可以将生活中的问题融入教学中。其次，教师要提高识别和选择学科的能力，并考虑课程资源的使用能够带来的效果，使课程标准合理化。教师还应全面整合不同学科的知识，逐步优化自身综合素质和能力，能够为课程资源的制定和利用打下坚实的基础。

开发和利用教师对道德和法治领域资源的整合能力决定着课程的质量和实施的程度，需要教师和学校不断地共同努力。

3. 多方位开发与整合利用小学道德与法治课程资源

为了丰富道德与法治课程的教学内容，提高教学效果，我们需要从不同的角度探索和发现新的、适合学生的教学方法。比如，与小学生紧密联系的生活化教材，优秀的中国传统文化资源和在教学活动中发挥重要作用的多媒体和网络信息资源。与此同时，还必须促进对现有资源和已开发资源的整合和利用，优化后纳入道德和法治课程教学的数据库，形成课程资源库。

(1) 开发利用生活化的道德与法治资源

离开生活的教育是没有生命的教育。换言之，只有将知识与小学生真实生活经验结合到一起的学习，才是具有价值的学习，达到这种效果往往与小学生的生活经验密不可分。建构主义学习观认为学生根据自己独特的经验选择和处理外部信息，编码新的信息，会深化自己的理解，并赋予这种体验一种意义[①]。因此，教师在教学中应充分考虑、发现并尊重学生的生活经验。

小学阶段作为学生成长的关键时期，也是培养学生行为和心理习惯的重要时期，学生的生活态度和自主意识将在这一时期开始发展。道德和法治课程的目的应当注意紧密结合社会和时代发展的需要，尊重儿童身心发展的规律，从儿童实际出发学习相关教材，以帮助学生更好地适应校园生活，养成良好的道德和行为习惯。

作为一门以生活为基础的小学综合课程，《道德与法治》与现实生活密切相关。这一课程的目的是使小学生回归生活。可以说，小学的道德和法治是源于生活，高于生活并指导生活。因此，道德与法治的教师必须指导学生建立对生活的认知、经验和理解，探索生活中可能存在的学习资料。

第一，选择日常生活中的事件来唤醒学生的兴趣。例如，在三年级教材《道德与法治》中的“感恩家庭”部分，鼓励学生认真观察并记录他们的家庭生活经历。这种方式使学生能够看到他们的家庭成员为自己的成长做了什么，并使学生能够思考，如何感恩自己的家人，用什么样的实际行动来感谢。此外，教师可以进一步告诉学生，尊敬长辈、孝顺父母不仅仅是我们中华民族的传统美德，也是一种法定义务和责任。与此同时进行法律知识的学习，不仅可以提高孩子的道德品质，让他们更加孝敬父母，也有助于提高学生的法治意识。日常生活中的一些事情每天都在发生，如果你不去观察，那它们都会看起来很正常，毫无意义。其实，我们每天所经历的那些小事已在潜移默化中影响了我们行为习惯的养成和道德品质的发展。所以我们必须从长远的角度来看待生活中的这些细节，通过优

---

① 黄平.（2016）. 浅谈建构主义的学习观与教学观. 亚太教育（2），2.

化教学设计，帮助学生培养良好的道德意识和法治意识。

第二，选择生活中容易犯错的事件来理解、反思自身。儿童在生活中所犯的错误也是教育的一个重要资源。当学生明白自己为什么出错？错在了哪里？今后该怎么办？他们就会得到更多的思考和收获。此外，为了在今后取得更大的成功，他们必须理解他们犯错误的原因并下决心改正错误。事实上，对学生来说，在成长和发展的过程中必然会犯错，但是在这一过程中，学生们看到了自己的错误、认识到了自己错误的原因，并立即纠正这个错误，使他们获得新的知识和提高他们的认知能力。

（2）大力挖掘优秀传统文化资源

中华优秀传统文化的哲学思想、人文精神、教育思想和道德观念丰富，可以为人们提供理解和欣赏的有益教育。可以为治国理政提供有益启示，也可以对道德建设提供有益启发。中华优秀传统文化是中华五千年文化长河中的重要组成部分，是中华文明的精华部分。中国传统文化的价值观与当前的道德法治教育在本质上是一致的。中国优秀的传统文化是开展德育和法治教育的宝贵资源。同时，道德法治教育就是我国优秀传统文化的宝贵传承、创新和发展。从中国传统文化中提取德育资源的过程，就是对传统文化的继承、发展和创新过程。中小学生的德育教育，要求我们积极学习优秀的古典文化资源和传统文化资源。

首先，利用好国家优秀的传统文化遗产。优秀的文化经典对人们的灵魂有着润滑作用，并能给人们带来启蒙的永久影响和精神力量的永久流动。《弟子规》《三字经》等经典书籍为中华民族的行为和哲学理念提供了价值观和行为准则，这些经典课程的学习和阅读可以浸润小学生的思想，是小学学生道德教育的最佳材料。

其次，利用中国古代优秀的经典文化资源。美丽的经典故事富有深刻的哲理性和育人性，它可以向人们发出强烈的警醒，是小学生道德和法律教育的一个重要来源。如“守株待兔”“揠苗助长”“刻舟求剑”等经典的故事，蕴含了诸多生活道理，有助于帮助小学生培养规则意识和道德意识。

再次，更好地利用中国古代的诗歌资源。古诗词是中国文化的宝贵财富，许多古代诗中饱含着诗人对家庭、国家和社会的家国情怀和忠诚。学习古典音乐可以丰富学生的爱国爱家爱社会的情感，陶冶情操，有助于良好行为习惯的培养，升华情感、态度、价值观。

最后，我们要充分发掘中国传统节日资源。传统节日是中国文化的重要组成部分，一些传统节日可以加入道德和法治的教学中，如春节、清明节、端午节和国庆节等，在学习了解传统节日的由来、具体内容、习俗的同时，提高小学生的民族意识和爱国意识，增强中华民族的自尊自信和自豪感，树立文化自信。

全面审视中国新兴的传统文化遗产，将有助于小学生的精神觉醒，增强他们的中华文化意识，培养小学生良好的个性品质和道德品质。

（3）充分开发利用多媒体及网络信息资源

第一，开发和利用多媒体和网络信息资源可为教授道德和法治作出许多贡献。利用多媒体和网络信息资源，可将新技术和新知识纳入道德和法治教学中。因此，道德和法治教育一定要与时俱进。媒体和网络资源的使用可以突破时间、空间和区域的限制，使学生能够体验不同的文化和社会资源。这大大丰富了教学的内容，激发了学生对学习的兴趣。在学校或其他教育机构中，教师和学生之间、学生和学生之间建立网络链接，实现线上交流、学习，享受了丰富的网络资源。因此，借助多媒体网络资源，学生可以在课堂上体验不同的文化，课堂不再枯燥乏味，学生对知识的理解也更容易起来。学生的学习也由被动变为主动，增加了主观能动性，学生自主学习的能力显著提高。使用多媒体和网络信息源同样可以促进教师和教师之间的互动，相互学习，及时总结学习经验，共享高质量的学习数据，提高教学质量。

第二，利用网络，教师可以收集教育资源，制作多媒体课件，搭建各种平台，进行交流和共享。在教学的准备阶段，教师可以通过网络来搜集有关道德与法治课程的材料，并设计多媒体教学方案。多媒体的课程方案可以包括多个功能，如声音、文字、图像、动画和视频等，可以使课堂上的道德和法治教育更加生动和真实。教学软件中的视频和动画可以吸引学生的注意，给学生提供动态地体验，这种体验式的学习形式可以给学生提供更多的学习机会，使他们更深入地了解教学内容。多媒体教学软件的出现，不仅减少了教师的教学难度，也让学生积极参加进来，有效地提高了课堂学习效率。此外，教师还可以利用互联网开讲道德和法治课程、开设道德与法治微信公众号、课程微博等。教师可以在这些信息平台上公布他们的学习经验和想法，让更多的教师能够获得经验。

（4）整合利用现有道德与法治课程资源

在小学道德和法治课程里，不但要积极开发各种有益的课程资源，我们还必须加强对现有课程资源的整合和利用，对现有资源开展培训和实际研究，例如，重建和重组现有的道德教育资源等，可以设立道德与法治课程资源库，以提高训练课程资源的利用率。构建课程资源库，必须根据具体的分类标准对不同的课程资源进行分类和组织。

为课程资源建立数据库，要对课程资源进行科学的分类，平衡课程资源的开发和使用程度，方便课程资源的整合和使用。教师可在课程学习期间从课程资源库中直接寻找课程的相关资源，并结合自身的教学方法创新和使用课程资源。建议各个学校建立自己的符合本校特色的“课程资源库”。各级教育部门也可以合并每个学校的资源基础，聘用课程专家和学科教育家管理资源库，指导教师正确使用资源库，并为课程资源库提供更加优质的学科资源。同时，有条件的学校和地区也可以学习和使用互联网建立“大数据课程资源库”，可以将各种资源数据库联系起来，为制定和使用各种资源的学校和教师提供更多的技术支持，这不仅节约了成本，而且还提高了资源的利用率，对实现教师的教学目标和学生的学习目标意义重大。

第四章　核心素养视域下的小学道德与法治多维立体化育人模式构建

第一节　核心素养基本理论与核心素养落地

一、小学品德学科核心素养的价值与特质

核心素养最终要落实到具体的实践中，只有将核心素养的框架融入学校各学科、各学段的课程目标中，形成指向同一素养框架的课程目标体系，才能实现对学生核心素养的培养。核心素养和学科素养的关系是什么？核心素养作为学校课程的灵魂，有助于学科固有的本质特征以及学科素养的提炼，有助于学科边界的软化以及学科群或跨学科的联结。它也能为一线教师整体地把握学校课程、打破分科主义、消解碎片化的以知识为中心的灌输提供视野和机会。如果说核心素养是作为新时期期许的新人形象所勾勒的一幅“蓝图”，那么各门学科则是支撑这幅蓝图得以实现的“构件”，它们各自拥有其固有的本质特征及其基本概念与技能，以及各自学科所体现出来的认知方式、思维方式与表征方式。核心素养和学科素养之间的关系是全局与局部、共性与特性、抽象与具象的关系。这是因为在学校课程的学科之间拥有共性、个性与多样性的特征。

学科核心素养具有聚合性。从本质上看，所有学科的教学都是为了培养和提高学生的核心素养。学科核心素养在不同学科之间、同一学科的不同学段之间都存在着内在的一致性。小学品德学科从思想品德到品德与生活，到 2016 年的新课程道德与法治，这门课程历史沿革的经验告诉我们，把握品德课程的学科本质有三个视角：从核心价值来看，它注重“爱国主义、集体主义和社会主义教育”的培养；从基本功能来看，它是一门培养认识社会、参与社会能力的课程；从培养目标来看，这是一门以学生社会生活为基础，促进学生习得道德修养，树立法治意识的综合课程。作为具有中国特色的德育课程，它的核心价值不同于其他任何国家；作为一门德育性质的学科课程，它又具有不同于一般教学活动的特点，它还有不同于一般科目的整合方式以及不同于一般学科教育的德育功能。

由此可见，小学品德学科的内容具有综合性，却又有别于通常所称的综合课，同国外相关课程亦不相同。应该说，它的学科核心素养既有中华历史文化的渊源和革命传统文化的基因，是我国课程体系的重要标识，又有其独特的综合意义，由德育目标来设置相关学科内容，并由相关学科内容来支撑德育的开展，这也体现了本课程的育人性质。

二、核心素养促进教学革新

（一）核心素养视域下的课标与教材

核心素养理论为学科教学指明了方向，课标与教材尽显学科化与综合化的特点。小学品德课程的课程标准充分体现了小学生应学习和具备的核心素养，提倡在活动的过程中获得内化，成为一个小小社会人。小学品德课程的教学内容也努力培养学生的核心素养，它并不是只有知识与观念，还需要教师精心组织的有效教学。

根据品德与生活课程标准：引导儿童热爱生活、学会关心、积极探究是课程的核心。可见，小学品德课程的核心是学会“做人”。而要让学生学会“做人”，绝不可能仅仅是学习知识或者改变一些观念。综观课程标准，我们可以看到小学品德课程的核心素养不是各领域的学科知识，而是融合性的实践智慧。从课程设置的过程看，品德与生活（社会）课程取代了原来的思想品德、历史、地理课程；在内容上，除小学阶段的历史、地理外，还融合了心理、法律、生活与社会等多个领域，成为一门综合性课程。但这并不意味着品德课程的核心素养就是上述几门学科课程的简单相加，更不意味着品德课程教学可以按其内容的学科相关性划分为心理课、品德课、历史课、地理课或者生活课和社会课，这正是当前教学实际存在的普遍性误解，以学科划分观念为基础的综合课程，是综合课程建设初期阶段的样态。小学品德课程改革的深化，就是要在实现多学科综合的基础上，突破这种拼盘式的综合观念，进一步明确此综合课程内容的内在结构，使这些综合在一起的多领域的知识围绕着“做人”这一核心目标，实现内在的有机融合，同时也要超越单一的“知”的素养，进入到以广泛的知识、切身的“感受”以及明智的“决断”为基础的“做”。从而使这一综合课程发展成为以学生发展为本位的、融合的、广域的综合课程。

因此，教师们应该明白，品德课程的核心素养不是让学生在观念上知道一些历史、地理和生活等方面的知识，不是局限于流于形似化的一些课堂实践活动，更不是单纯地灌输道德与价值观念，而需要教师通过正确的引导，通过生活实践才能形成的。正如亚里士多德所强调的，德行的研究“不是为了了解德行，而是为了使自己有德行”。类似的，学做人不是关于人的研究活动，也不是关于人的技艺活动，而是关于人自身的建构以及人的美好生活建构的实践活动。因而，品德课程的核心素养不是观念的和技艺的，而是实践的、行动的，是引导学生在整合、理解知识与观念的基础上，通过现实行动实现生活和人本身的逐步完善。

（二）核心素养视域下的教师与课堂

任何教育理论的落地生根都是在一线教师的实践下完成的，因此专家把教师比作核心素养在教学中实施的“最后堡垒”，把课堂比作“主要战场”。一线教师的重要性不言而喻，但大家对于各类理论的认识理解也常常不够到位，对于核心素养理论的认识也不例外——或是把什么都当成核心素养，简单地把自己原先在教学方面做的事情认定为进行有关核心素养的教育，给它们赋予新的包装，改头换面后就成了自己认定的核心素养；或是坚持自己某种偏见或是原有的某种错误认识，将其认为核心素养，形成了对核心素养概念内涵理解的差异；或是在对核心素养的框架概念学习研究时进行了模式化和定型化。小学品德学科所应培养的学生核心素养是指向“立德树人”这个总体人才培养目标的，有标准而无模式，有个性而无定式。因此，指导教师对于核心素养理论进行认识和思考是教育革新首要的问题。

1. 基于核心素养的教学要落实学科核心素养

学生核心素养的培养，最终要落在学科核心素养的培育上，要关注学生的思维品质和关键能力。一个人成功的基础包括知识的掌握、思维方法的形成和经验的积累。其中思维方法主要包括形象思维、逻辑思维和辩证思维。品德学科主要培养学生思维具有一定的深刻性、广阔性、辩证性、独立性、创造性等，而之前的德育学习往往注重说教，缺少学生自主的思考和实践，这对培养符合社会要求的创新型人才是不利的。关键能力是指学生获得为完成今后的不断发展变化的工作任务而应获得的跨专业、多功能和不受时间限制的能力，以及具有不断地克服知识老化而终身持续学习的能力。品德学科的教学内容处处体现着对学生关键能力的培养。

现行的教育还注重对学生基本活动经验的培养。基本活动经验对于学生的成长发展非常重要，它包括思维的经验和活动的经验，它教会学生会想问题、会做事情，而这些经验主要来源于积累，来源于学科核心素养获得落实后的学生的学习和实践。只有落实了学科核心素养，学生才能真正获得全面发展。

2. 基于核心素养的教学要把握本质、创设情境

学生核心素养的形成不能依赖课堂教学，更重要的是要参与其中的教学活动。学生不能只依赖对知识的死记硬背，而应依赖自主学习中产生的感悟与深入思考；不能依赖某一

堂课上获得激情和动力，而应是日积月累形成的学生在实践和思考过程中获得的经验积累。因此，基于核心素养的品德课堂教学，要求任课教师要抓住知识的本质，创设生活化的教学情境，只有这样才能启发学生思考，让学生在掌握所学知识技能的同时感悟知识的本质，形成思维，参与实践获得经验，最终形成和发展核心素养。

而真正能达成这样的教学效果，教师必须对核心素养理论了然于心，对教学内容深入研究，更要用不同的视角去了解学生，了解他们到底需要些什么，然后再结合社会对学生发展的要求去进行教学。比如，要让学生成为遵守交通规则的人，肯定不是单靠教师讲解就能让学生理解并达成教学目标的，而是要在课堂上创设情境让学生来感悟的，在生活中指导实践让学生来体会，让学生真正理解其中的含义，然后自己得出结论以逐步内化的。教师可以在课堂上进行情境模拟活动，让教室成为学生实践交通规则的场地，让他们在类似游戏的活动中使用所学的知识，在教师的指导以及与同伴的交流中得以明晰、巩固。教师应指导学生课外在家长的带领下对诸如“红灯停，绿灯行”“不闯黄灯”“过马路要走人行横道”等交通规则进行实地体会，不仅巩固了所学知识，还能以“小手拉大手”的形式提醒人们遵守规则，给社会带来一股清新的气息。

可见，基于核心素养培养的课堂教学抓住了教育的本质，在适合学生学习的情境中传授知识、培养技能，帮助学生养成良好的学习习惯、生活习惯，启发学生独立思考，不断积累经验。

3. 基于核心素养的评价要关注思维品质、考查思维过程

一般来说，传统的评价都基于知识的掌握，主要考查学生对教材中的知识点了解、理解、使用的程度，而融入了核心素养理论的评价除了考查知识技能，更关注学生的核心素养的发展情况。结合品德学科的特点和学生的身心发展实际情况，教师采用过程评价和多元评价相结合的评价办法，通过笔试、品德评定、成长档案袋等对学生的学习情况进行综合考查和评价，关注思维品质，考查思维过程，客观地记录学生发展应具备的能够适应终身发展和社会发展需要的必备品格和关键能力。

品德学科教学进行动态的全过程评价，既便于学生了解自我的学习、表现状态，做到自勉、自励，也便于学习小组成员间相互学习、相互督促。教师不仅可以充分利用品德学科教育的资源，优化课堂教学环境，促进学生的认知与情感双赢发展，促进他们在学习中培养良好的思维品质，还充分彰显品德学科培养学生核心素养的优势。

（三）核心素养视域下的评价与过程

核心素养视域下的评价与过程被称为教学革新的风向标与推进器。多年来，我国教育

评价的主要方式是考试，尤以高考为最。目前，高考不仅是整个高中三年教育教学的指挥棒，而且深深地影响着初中乃至小学。因此，在推进核心素养的进程中，应在知识、技能之外有效地评价学生的态度、动机等核心素养中的关键要素，在成绩、等第之外关注学生在认知性、社会性与自主性发展方面的进步，这也决定着核心素养能否真正落地这一实际问题。

1. 品德学科评价的理念要突出核心素养的培养

品德学科教学评价对培养学生核心素养有着举足轻重的影响，它蕴含着丰富的情感因素，更需要师生的互动和较深入的交流。教学评价的形式与方法将直接影响学生借助学校教育所形成的解决问题的素养与能力核心素养的形成。

核心素养的培养强调跨学科综合能力，是知识、能力和态度的综合。所以，品德学科教师在进行评价的过程中要依据核心素养理论厘清情感、态度、价值观与知识、能力和行为习惯之间的关系，对学生进行全面的综合测评，使评价由重知识考查真正向学生诸如人格发展、基础学力、关键能力等方面考查的转变，为学生身心健康、学会学习、实践创新、公民道德、国家认同、国际理解、人文底蕴、科学精神、审美情趣等能力的形成奠定基础，并对教师和学生的情感发展起到导向作用，培养学生热爱生活、奉献社会的良好品格，为他们将来参与社会、终身发展创造条件。

2. 品德学科评价的策略要紧扣核心素养的培养

教育的根本任务是立德树人，而培养学生的核心素养就是它具体化的实施过程。品德学科的教学实践让教师们不断思考与研究教学评价策略与方法，对促进教学的优化，师生情感的深化，达到良好的学习效果具有深刻的意义。

教师在实施品德课堂教学评价时，可以选择实施显性与隐性的评价策略。显性的评价方法就是教师通过对学生的充分了解，精心设计教学过程，创设师生能进行情感互动的情境，有目的地对不同学生实施不同的问题教学，评价要求也相应地进行改变，在赞赏与鼓励中有意识培养学生的求知欲望，增强他们克服困难的毅力，使教学过程能满足学生认知与情感共同发展的需要。这个过程中，学生有显性直观的感受与体验。而隐性的评价方法则是教师随时随地关注学生成长，用无言的师爱来鼓励学生。他们对学生的评价也许就是面部表情的细微变化——赞许的眼神、稍稍的颔首，引起师生情感的交融。教师对评价策略的有效实施，既能促进学生学会科学知识，又能增进师生情感的互动与交流，实现培养学生核心素养的目的。

3. 品德学科评价的过程要围绕核心素养的培养

课程改革的指向和品德课程标准的制订都将核心素养的培养融入了课堂教学及评价中

去，这也符合品德学科教学的特点和优势。只要制订科学合理又简单可行的评价标准，对学生的学习坚持全面多元的评价方式，突出形成性评价、自我评价、小组评价等方式，就能让教学评价达到教育的目的。

（1）阶段性多元素评价

品德学科的评价贯穿于教学过程的各个阶段，通过测验或实践、操作、座谈、调查等形式，对学生的品德行为、学习态度、学习兴趣、交往合作、意志品质等进行全方位的评价。教师在评价过程中进一步了解学生，分析存在的问题。对于共性的问题，教师必须修改或重置教学内容和方式，改正错误方法，用更为科学合理的方式推进学生的进步；对于个性问题，教师则需要进行个别辅导，包括家校交流等方式，帮助其获得妥善的解决；如果是学生学习兴趣、个性特点方面存在的问题，教师应从思想、心理、情感等方面入手，在教学中注意激发学生的学习热情，调动主观能动性，使其转为主动学习的状态，积极投入到学习中去。

（2）自我评价

根据品德学科特点从多方面将学生的学习过程展开分析，指导学生评价并记录自己做得好、有进步的方面，对于自身还需努力的方面加以分析，找到今后努力的方向，促进学生的自我管理。

（3）小组合作评价

教师组建品德学科学习小组，并指导组员们自制成长记录册，包括成员们认定的组名、口号、座右铭甚至组歌等，收集组员在学习过程中值得记录的作品等，及时总结与反思，积累成长经验，让集体的力量促进每个成员的进步。

基于核心素养的考试评价改革给考试领域带来了机遇，也带来了重大挑战。除了以上方法外，探索其他更多行之有效的评价方式，并有效利用评价结果，仍是当前需要深入研究和探索的重要课题。

第二节　多维育人之“四生”教育

一、“四生”教育——生命教育

（一）学校应加强对生命教育的重视

学校方面必须要形成一个明确、强烈的生命教育意识，除了注重对学生实施文化教育以外，还要对生命教育给予足够的重视，可以开设关于生命教育的课程，号召本校各科教师在平时的教学中适当地对学生渗透正确的生命观，让学生在习得学科知识的同时也形成一定的生命意识。此外，还可以建立一系列有效的规章制度，来为生命教育的开展提供强有力的保障。

（二）营造充满生命气息的校园氛围

良好的、适宜的校园环境对于促进学生生命的健康有着不容小觑的促进作用。学校要注重对有形环境和无形环境的创设，努力营造一个富有生命韵味的校园氛围使学生可以每天受到深刻感染。

1. 创设有形环境，发挥显性教育的作用

首先，要保证校园整体环境的清新、干净、怡人。只有让学生漫步在整洁、清新的校园中，才能使他们获得愉悦感。因此，必须抓好校园内的环境和卫生，做好绿化工作，还可以在校园的墙面上进行诗意的涂鸦，描绘精美的山水画等，让整个校园变得不仅富含生命气息，而且还有“诗意”，让学生从小树、小草的身上感受到“生命”的存在。其次，学校要提供一个宽松、开放的活动场所，让学生有足够的空间来进行课外活动，因为比较开放的活动场所对于促进小学生的发展也有着较大的促进作用；同时还要注重体育设施的建设，让学生能积极地参加课外锻炼，保障他们的身体健康。再次，教师或班主任要注重对班级环境的创设，班主任要积极地开展生命教育活动，例如，可以在班内设置一个“种植区”，引领小学生种植一些喜欢的花草，每隔几天观察花草的生命历程并记录下来，使学生亲身体会到“生命”的神奇，初步形成一定的生命意识。最后，要在班级墙壁、过道走廊或者是校园文化墙上粘贴一些关于生命教育的标语，利用课间为学生播放具有正能量的音乐，逐步构建一个良好的成长环境，让学生在校园、在班级感受到处处存在的生命气息。

2. 打造无形环境，发挥隐性教育的作用

首先，要构建一个和谐、良性互动的师生关系，要给学生更多的关心，在学生遇到问题或者是情绪出现异常时主动询问并帮扶。教师要学会观察本班学生在行为、情绪方面的变化，及时指导，消除他们遇到的烦恼，让学生形成积极的人生观。其次，要打造积极、正向的班风，班风是无形的，只有构建一个良好、正确的班风才能使学生受到较大的影响，对他们的身心都产生积极的影响。最后，适当地开展一些校园内的文化生活，例如班主任可以以自己的班级为单位来组织一些“兴趣小组”，如书法组、绘画组等，并寻求恰当的时机来开展活动，让学生体验到“生活的乐趣”，并感受到“生命的快乐”，从而才会更加热爱自己的生活。

（三）丰富生命教育的内容以及形式

1. 丰富生命教育内容，完善生命教育体系

生命教育的内容不能脱离学生的实际，要符合他们发展的总体规律。对低年级的学生来说，生命教育的内容主要包括：带领学生了解“生命的物种”，在探索物种的过程中使学生形成对生命的初步认识，引导学生了解自己身体生长的变化、发现成长的特点等，让学生形成正确对待生命的意识；对于高年级的学生来说，生命教育的内容主要包括：向学生传输一些自我保护的技能和方法，并通过实践活动让学生掌握安全防范的技能，这样使学生在生命遭受威胁时可以自己进行规避和防范，让学生树立正向的生命观。此外，教师还可以适当地扩充生命教育的内容，比如挫折教育、感恩教育、安全常识教育等，以此来完善生命教育的体系。

2. 加强对其他学科生命教育渗透

教师要在具体的教学中向学生渗透生命教育，从教材中挖掘丰富的生命教育因素，在向学生传递学科知识的同时帮助他们树立正向的生命观。比如在小学《道德与法治》课程中有非常丰富的关于生命教育的内容，教师在教学中不能光顾着给学生讲解道德与法治知识，也要加强对学生健康生命思想的教育，让学生形成积极、正向的观念；语文课程中也有许多关于生命教育的内容，教师在教学中可以引领学生通过对某一篇课文的学习来挖掘其中的主题内涵，有针对性地对学生的思想观念进行引导，让学生感受生命并形成尊重生命的良好态度。在美术学科中教师要着重引领学生感受万事万物的美，使他们发现生活中的美，既可以促进学生审美能力的形成，也有利于让他们形成热爱所处生活、热爱生命之美的意识。

3. 丰富有关生命教育的课外读物

教师也要适当地开展课外的生命教育活动，引领学生阅读有关生命教育的课外书籍，拓宽小学生的生命视野，让学生在“读”的过程中有所“思”、有所“悟”，对生命形成独特、深刻的认知，从而进一步深化小学生对生命内容的理解，让学生通过自己的分析和判断来体会生命的内涵。比如，教师引领学生阅读《十万个为什么》可以让学生从中了解许多不知道的道理，体会到生命的神奇，令学生更加热爱生活；让学生阅读少儿版的《简爱》一书，使学生从小懂得要自爱、爱护自己的尊严和生命，逐步形成正确、积极的生命意识。健康的课外读物对于学生的生命观念的形成和发展有着较大的促进作用，教师必须要充分挖掘并利用好这些课外资源。

4. 开展生命教育专题活动

教师还可以开展一些以灾难预防、心理教育、挫折教育为主题或者是以生活常识为主题的专题活动，让学生在做中学，在主题实践活动中形成对生命的切身感悟。此外，学校及班主任还可以组织以“生命”为专题的演讲活动，号召学生撰写关于生命感悟的作文等。还可以组织学生观看关于生命教育的电影、纪录片，给小学生的视觉、听觉等多种感官带去较强的冲击，使他们形成对生命的正确认识，并体会到生命的脆弱，从而才能更加珍爱自己的生命。

5. 丰富小学生的社会生命实践活动

教师要充分结合学生身心发展的总体规律来开展社会生命实践活动，可以利用清明节、重阳节、安全教育日等重要节日来展开实践，增强小学生的生命体验，使他们在实践中形成深刻的生命认知。可以组织关于火灾的消防演练实践，让学生在实践过程中掌握一些简单、实用的自救技能；还可以带着学生到生命教育基地接受教育。通过各种形式的社会实践活动，增加丰富学生的生命教育体验，使其在潜移默化中接受生命教育，培养增强自己生命意识。

教师都要担起育人的责任，不能让生命教育缺席。通过丰富生命教育内容、结合相关学科教学来渗透生命教育、开展生命教育活动、组织各种社会实践活动来增强学生的生命意识，使学生学会欣赏生命、珍惜生命，进一步强化小学生对生命的感悟，从而爱惜自己和他人的生命。

二、“四生”教育——生存教育

（一）小学生存教育的内容

下面我们逐一分析一下小学生存教育的各项内容：

1. 身体素质教育

关于身体素质《教育大辞典》作以下的标注：人体机能活动的一种能力。指人体在活动时所表现出来的力量、耐力、速度、灵敏性、柔韧性等机能能力。它是人们劳动、生活的物质基础。而我们这里所说的身体素质教育包括身体锻炼和卫生保健两个方面。前者侧重于学生机体的培育，后者侧重于学生机体的保护。

2. 生命教育

引导学生珍惜生命、敬畏生命、欣赏生命和感悟生命的意义是小学生存教育的重要内容。培养学生对自己和他人生命珍惜和尊重的态度，从而在遇到挫折、危机时能够勇敢地面对现实，在任何情况下都不做出危害他人、危害自己的行为。

3. 集体主义教育

我们所说的集体主义教育是使小学生掌握正确处理个人与集体、集体与集体的关系准则的教育。主要目的是：养成在集体生活中应有的习惯，自觉遵守集体纪律和行为准则；形成对所属集体的责任感和荣誉感；关心集体中的其他成员，懂得与他人互助、合作；认识集体应代表和凝聚所有成员之利益，它为个人生活需要的满足创造物质条件，为个人体力、智力发展提供客观环境。

4. 生态教育

所谓生态教育是“人们对待自然环境的价值观念、道德规范和行为准则的教育。”向尊重生态规律，保护环境，才能改善人与自然的关系，使人类能在良好生态系统中生存和发展。开展此类教育目的在于使学生了解各种生物之间、生物与外界环境之间的相互关系，以及生态系统的概念和保护生态平衡的重要意义，从而为保护自然、合理开发和利用自然资源获得必要的知识和能力。

5. 自我服务劳动教育

自我服务劳动指让学生料理自己生活的各种劳动。在小学，进行“自我服务劳动”教育着重培养学生的独立精神和自理能力，鼓励学生在学校和家庭中自己的事尽量自己干，不依赖他人代劳，初步使学生形成独立自主的个性及分析、解决问题的意识。

6. 安全教育

“没有危险、不受威胁、不出事故”即安全，亦即生存与发展的前提条件。学校在教学中贯穿公共安全教育，使学生养成在日常生活和突发安全事件中正确应对的习惯是小学生生存教育不可或缺的组成部分。对应小学生开展的安全教育主要包括：交通安全教育、野外活动安全教育、野游探险安全教育、机械电气设备的安全教育、食品安全知识教育和灾难安全教育等。

至此，我们在厘清“生存”的内涵与小学生的发展任务之间的关系后，可以对“小学生存教育”作如下界定：

小学生存教育是由学校组织的，以培养小学生学会保存生命和发展自身为目的，通过对小学生实施一系列包括身体素质、生命、生态、集体主义、自我服务劳动、安全在内的教育，最终使学生具备生存意识，掌握生存技能，提高生存素质而进行的教育。

（二）小学生存教育的若干实施策略

在我们看来，明确了小学生存教育的定义、目标与内容只是在促使小学生生存与发展的道路上迈出了小小的一步，后续的实行与落实也是不应该被忽视的，否则将会变成一句空话。

1. 贯彻人本原则，生成小学生存教育校本课程

贯彻人本原则，在进行小学生存教育过程中必须以小学生的需要和小学生的发展为中心。把小学生存教育纳入学校课程教学计划中，自行设计、“量身定做”个性化课程，为学生开设生存教育的校本课程。各校可结合自己的实际拟订出实验方案，一边实验，一边实践，一边总结，一边吸收其他学校的做法，一边反思、改进、提高，形成有本学校特色的小学生存教育课程。

2. 增加小学生的生活体验和自然体验，体现活动性原则

儿童通过积极的活动形成和发展着自己。生存教育不是孤立的教育，学校可以尝试让学生去接触社会、接触自然，从而学会自我保护、学会生存。如果为了减少事故的发生，对一些活动采取禁止的做法，这样学生们只能在课堂上和橱窗里接受生存教育，应对、处理实际问题的能力将无法得到提高。同时让学生在实际活动中、在自己的亲自体验中认识社会、认识自然，懂得自然和人类是休戚与共的，只有尊重自然，人们才能更好地生存。

3. 学校、家庭、社会三教合一，落实可持续发展原则

进行生存教育不只是为了让学生“生存”，还要让学生“发展”，因此遵循可持续发展原则是必要的。主要应综合考虑三个方面：一是学生的可持续发展，二是学校教育资源的合理配置，三是社会或社区教育系统与其他系统的资源共享与交流。学生生存教育的实施过程中要加强学校、家庭、社会的联系，改变现代社会中家庭、社会教育弱化的倾向，强化家庭和社区教育的功能。我们应充分认识到培养学生不仅是学校的事，这与家庭和社区是密切联系的，没有社区和家庭的参与，就不会有生存教育的成功。学校、家庭和社区应该有机结合起来，共同营造学生健康成长的最佳环境，建立起社区、家庭、学校教育协调作用的生存教育良性运行机制。

4. 遵循多元化评价原则，建立科学、灵活的评价机制

在进行小学生存教育评价时，针对不同的影响要素，如人文环境、学校校本特色、教师教学风格和学生认知水平等，评价的标准都应该相对不同。学校应该具体情况，具体分析，制定一个最低的量化指标，在此基础上依据相关要素不断完善相应的标准，用动态化标准体系，有序地、循序渐进地引导学生，提高他们的生存能力。多元化评价包括了多种不同的评价方式，如动态评价、档案评价、生态评价、实作评价、直接评价和真实评价等。各学校可以根据不同的实际情况择优选择。“学校教育的价值，它的标准，就看它创造继续生长的愿望到什么程度，看它为实现这种愿望提供方法到什么程度。”在结束本文

之前，我们引用杜威[①]的这句话，以此说明生存教育是一种使学生更好地生存和发展的教育，唯有这种全新的、具有强大生命力的教育，才能使我们的孩子保持长久、顽强、旺盛的生命力，在日渐复杂、多变、严峻的社会环境中立于不败之地。诚然，小学生存教育还有很大的发展空间，不断深入探讨个中的内涵是我们作为教育工作者应尽的责任和义务。

三、“四生”教育——生活教育

陶行知生活教育思想理念，在教育体系中占据重要位置，也为当前小学班级开展德育提供了思想基础。随着习近平新时代中国特色社会主义伟大事业深入推进，德育作为教育事业重要内容，也必须与时俱进。为此，本文以陶行知生活教育思想为根本，对小学班级德育优化原理路径与策略进行了探讨。

“生活德育”最早可以追溯到教育家卢梭的自然教育理论，卢梭提出教育要“回归自然”，尊重儿童的自然天性。儿童应从自然、生活中学习，并且从中产生道德情感，养成良好的行为习惯，而这也引申出道德教育融入自然生活的教学观点。在此基础上，教育家杜威提出了“教育即生活”的教育理念，而且提倡在教育过程中要从做中学。具体到我国，陶行知先生的生活教育思想也与卢梭以及杜威的教育理念相契合，许多学者也对陶行知“生活”教育思想的内涵进行了深入研究。但在本文研究过程中发现，当前学术界关于小学班级德育生活化与“生活”教育思想相契合的理论基础较少。通过对相关文献检索后发现，以班级为依托实施生活德育方面的研究，主要分为在“生活”教育思想下注重体现生活德育思想和班级生活德育的实践研究。为此，本文通过理论与实践相结合的方式，对生活教育思想下的小学班级德育优化原理路径策略进行了分析。

（一）陶行知生活教育思想内涵

1. 思想内涵

（1）以身作则“教人求真”

陶行知生活教育思想内涵，首先体现在以身作则“教人求真”方面，这也是陶行知站在教师的角度，对教师如何做好生活教育而提出的目标。在陶行知的教育思想中，极为注重教师的教育实践作用，提出教师有培养学生道德品行的义务，对学生有关键的影响作用，教师是塑造学生“求真”的指引者。因此，教师要具备求真的精神，积极联系生活实际，在生活中发现真知，用生活实践与道德思想教育相结合。同时，教师要具备学而不厌

① 姬波.（2006）.“做中学”之历史及其在我国发展沿革.当代教育论坛：学科教育研究，000（011），P. 34-35.

的重要品质，谦逊务实并且关心学生，积极提升专业素质，为学生提供优良榜样。教师还要具备创新精神，敢于尝试新鲜事物，注重利用教学过程中的创新精神，不断发散教学思维，积极开拓进取，努力提升学生的求真、求实精神。

（2）追求真理学做“真人”

陶行知的生活教育思想内涵，还体现在追求真理学做“真人”方面。追求真理学做“真人”，与以身作则“教人求真”的教师角度不同，是站在学生的角度对生活教育思想下培养的目标进行的诠释。所谓“真人”，在陶行知教育思想下，指的是“具有完美人格与高超本领的人，说真话、办真事、求真知、为真理而奋斗的人”。要引导学生热爱真理，追求真理，营造真理的氛围，让学生借助实践活动探索真理。要引导学生做有道德的人，陶行知的“每天四问”中就对道德是否有进步进行了反思，他提出道德是做人的根本，是做学问的根本，这也充分展现了陶行知生活教育思想中德育的思想内涵。要引导学生做“人中人”，帮助学生养成良好的思想和品格，要引导学生树立远大志向，培养学生爱国情操，培养学生的创造精神。

2. 陶行知生活教育思想与班级德育生活化的关系

（1）全面指导班级德育生活化教育工作

陶行知是中国现代教育思想家和实践者，他的生活教育思想可以全面指导小学班级德育生活化教育工作。此外，陶行知主张“以人为本”的教育，他认为，人有自己的思想和行为，要以学生的需求为核心，以学生实际情况为准则，把学生的兴趣、潜能等纳入教育范围，激发学生学习的积极性，培养他们主动求知的勇气，聪明的智慧，强大的意志力。陶行知认为，教育应该注重教育的人文关怀，要培养学生正确的价值观，把德育作为教育的根本，以社会主义核心价值观为指导，培养学生的创新精神和实践能力以及良好的道德素质，使他们具备健康的心理素质，做一个有道德素养的人。陶行知的生活教育思想可以全面指导小学班级德育生活化教育工作。在小学教育中，要坚持以生活为教育，以发展为核心，以人为本，注重人文关怀，培养学生的创新精神和实践能力，让学生拥有正确的价值观，有动力去探索知识，做一个有道德素养的人。此外，开展班级德育生活化教育，要有强有力的理论指导体系作为支撑，必须将德育生活化教育置于一定的理论体系范畴，才能确保德育的实效性得到最大限度的保证。而且，依托理论来全面指导好德育生活化工作，才会真正把德育生活化与教学实践紧密结合，进而确保教育工作有重心、有思路、有方法，推动班级德育生活化教育科学开展。

（2）推动班级德育生活化回归教育本质

依托陶行知生活教育思想，能不断提升班级德育生活化水平，是当前教育本质的回归，与教育的内涵相契合。随着教育的发展，教育的本质也不断地被重新审视和探讨。在这个过程中，越来越多的人开始意识到，教育的本质不在于知识的灌输和考试的成绩，而在于培养学生的综合素质和人文精神。班级德育生活化，可以把德育融入日常生活中，让学生在生活中学会做人、做事、做学问。回归教育本质则是指让教育回归到培养学生综合素质和人文精神的本质上。随着时代发展，社会分工也越来越细，在教育层面则是推动着教师承担职责越来越明确，整体教育的综合目标有所缺失。在这方面，表现最为突出的一个方面就是学科教师对德育工作越来越不重视，在意识方面存在漠视问题。但是，教育的本质是包括道德教育在内的，需要融合德育确保学生的整体素质都得到提升，需要把德育和教育看作一个整体进行对待，确保学生能够身心健康、积极乐观。而借助陶行知生活教育思想，能够全面引领提升小学教师的德育专业化水平，有利于扩大德育的覆盖面，从以往依靠德育教师孤立教育的局面走向全员教育的局面，能够实现教学全过程德育，回归教育本源。

（二）提升小学班级德育生活化水平的实施路径

1. 进一步提升学校班级德育生活化重视程度

要想很好地提高德育生活化教学的实效性，提升教师的德育生活化教育专业水平，首先学校就要重视德育生活化教育的重要性，营造良好的德育生活化教育氛围，在学校各个环节、各个领域渗透德育生活化教育，为提高小学班级德育生活化水平奠定重要基础。提高小学班级德育生活化水平，最主要的路径就是全面提高教师队伍的整体素质，在学科教育体系建设的同时，不断锤炼教师的思想政治素质，提高教师的职业素养。在新时代背景下，小学教师在开展教学过程中，应该积极学习陶行知生活教育思想，格外注重言传身教，充分发挥楷模作用，通过过硬的专业素养，帮助学生了解社会发展情况以及道德行为准则，全方位地做好学生世界观、人生观和价值观塑造引导任务，为学生搭建一个引导传播德育内容的重要桥梁，让小学生在浓厚的德育氛围中健康成长。只有通过这种方式以及学校的重要引领，才能让学生可以接触到各种各样的德育资源，可以在成长过程中不断积累德育生活化实践方面的重要经验，在学习能力和思维能力方面得到全面发展，进而激发出他们为建设新时代中国特色社会主义的使命感和责任感。因此，要不断强化德育生活化教育机制建设，在学校管理过程中提升德育生活化教育的地位，建立健全德育制度，保障教师在教学过程中能够有序地开展德育，进而为更好地推动学生健康成长和发展奠定基础。

2. 创新开展体验式教学

随着时代的发展和社会的变迁，小学德育工作已经不再局限于书本知识的传授，而是更加注重生活化、体验式的教学方式，让学生在生活中感悟德育的意义，提高学生的道德素质和社会责任感。

小学德育生活化需要教师不断探索和尝试，要注重学生的体验和感受，因此，教师在德育生活化方面，要创新教授方式，实施体验式德育教学。体验式教学通过让学生亲身体验，感受和发现问题，拓展他们的认知和经验，从而达到知识的掌握和能力的提升。在小学德育生活化方面，教师可以采用这种策略进行教学。比如，在教学过程中，学生只有对学习的内容产生感悟，才可以把学习的知识化为己用。通过引导教师实施体验教学的方式，能够让学生既掌握书本知识，又可以把平面、抽象难以内化的经验，通过生活化的教育方式进行吸收总结，转化成属于自己的学习内容。因此，教师要有针对性地引导学生对学习内容进行体验感悟，让学生通过仿佛身临其境的体验，感受到知识所带来的乐趣，激发对德育生活化内容的兴趣。比如，教师可以组织学生利用“学雷锋纪念日”等开展社区服务献爱心等活动，让学生在教师的带领下，走进社会感受社会环境，了解帮助别人所带来的满足感和成就感，引导他们树立良好的人生观和价值观。此外，在小学语文教材中有非常多可以进行引导体验的教学内容，教师可以积极挖掘生活中的一些元素和故事，进行饱含深情的教授。比如，可以利用“程门立雪”这样的成语故事，对学生进行引导，让他们能从小故事中理解尊师重道的意义。通过这种方式，让学生对教材内容加深理解，感受到其中富含的情感色彩，树立正确思想观念，进而让他们通过不断学习积累，提升综合素质。

3. 健全班级德育生活化教育考核评价机制

要想保证学校班级德育生活化水平真正满足教学的需求，教师要在考核评价机制方面进行科学确定，确保能够通过考核评价的方式保障德育方面的培训效果。在开展考核评价过程中，应该全面优化德育考核的相关内容，把重点放在专业素质、能力、授课效果等方面上。这方面，学校要进一步提升考核标准的完善程度，通过德、智融合考核的方式，不断丰富考核体系，量化考核指标，分别站在教师、学生等多个角度开展考核。要改变以往单纯把学科教学作为考核的唯一标准，综合性地进行科学评价。在考核过程中，学校要创新评价方式，不断增强在教育、德育同步重视的思维模式，运用多种方式和手段，确保在评价考核过程中科学合理、公平客观。此外，学校还要在考核评价的过程中建立一定的激励机制，通过把德育生活化教育工作和教师的职称、绩效、职务晋升挂钩等方式，丰富激励教师的具体实施内容，推动小学教师不断提升对德育生活化的重视程度，积极鼓励引导越来越多的教师提升对德育生活化的热情，有意识地提升这方面的参与度，从而提高德育专业化水平。

总之，教师要秉承陶行知生活教育思想精髓，找到当前德育的规律，提高班级德育生活化水平，进而提升小学生的综合素质，帮助他们实现健康成长。

四、“四生”教育——生态教育

（一）从生态概念走向生态思维

生态思维是以人与自然的和谐为价值核心的思维模式，是协调人与自然关系的重要途径。在人类的生产、生活和社会实践中，运用生态思维来处理人与自然以及人与社会的关系，能够收到良好的效果。它克服了工业革命以来所确立的主客二分与对立的思维方式，整个世界被看成一个“人——社会——自然”相互关联、共生共荣、协同发展的生态系统。如果自然的局部或整体被人为裂变、解体，导致自然生态系统秩序打乱，最终必然导致人的灭亡。因此，人类的生存和发展并不是用人的意志去征服自然来实现，而是顺应自然生态系统的运行规律，在自然已有的自我调节功能内利用自然、人化自然，实现人与自然的和谐共生、协同发展。就社会内部来说，生态思维就表现为任何一个个体的存在依赖于其他个体和群体的存在，同样，群体或社会的发展也需要每一个个体的发展。个人和社会这种依存共生关系，并以此作为问题处理的方法，就是一种生态思维。

（二）有效激发生态思维的路径

1. 精选挑战性内容激发兴趣

兴趣是最好的老师。儿童发展规律告诉我们：生活经验丰富的儿童需要一个内容丰富的课程以便保持并挑战他们的兴趣。生活经验匮乏的学生更需要一个完整丰富的课程以便补偿这些缺陷。要尊重学生的生活经验，精选他们感兴趣的话题。

有时候，教材并不能直接为我们提供这样精彩的内容。我们通过互联网也能获取丰富的教育资源。世界各国的环境事件发人深省，各种为青少年设计的环保游戏引人入胜，科学史上也有过激烈的争论，简便易行的室内种植与养殖，这些都可以成为我们课堂的好题材。

2. 设计多样化形式促进理解

生态思维教学的突破口，是培养学生建立对生态系统成员、联系的认识，进而学习生态思维。

儿童发展规律告诉我们：大多数小学生是行动发起型的，他们需要第一手的经验以收集资料和形成概念。因此，如果想要发展概念理解的话，科学课程必须根植于积极主动的经验性学习。只需要学生一动不动地坐着和听讲的课堂经验，无论从生理上还是从心理上来说，对于学习科学都是不适宜的。一个科学课程如果忽视学习的经验层面并且主要依靠强调多方面信息积累的纸笔作业便会耗尽科学经验，它也会呈现歪曲科学本质的观点。科学课程应该为儿童提供广泛的机会去直接经历并且用各种直接的媒介进行研究。生态考察、生态游戏、生态扮演、生态故事、生态电影都比单纯概念的学习要高效得多。

例如，食物链作为生态教育的基础概念，是生态教育的起点，究竟教什么、怎样教才是以食物链为起点的生态教育、能触及生态思维的教育呢？应该为学生设计什么样的活动？作为一个生态教育活动，它具备了所有优秀的元素：全视角、参与度高、刺激强烈。没有无生命物质的存在就不可能有生命存在，没有生命物质的生态系统不是一个完整的系统。我们不能从生态系统中剥离无生命物质，一开始就应该让学生建立一个整体的概念，让他们不仅意识到生命与生命之间的联系，而且还要让他们意识到生命物质和无生命物质的联系，以此种形式展开学习，是将真实世界中潜在的隐形的联系有形显现。

3. 以有效提问引领思维建立

缺少了思维参与的活动是没有张力、失去灵魂的学习。在各种经验和信息的供给中，不能忽视有效提问的价值，要用有效提问指引思维的方向，唤起情感的共鸣。

第三节　多维育人之爱国情与家乡亲教育

一、小学道德与法治课堂中的爱国主义教育厚植策略

新课程改革之下的风向标中包括小学道德与法治课程新颖的教学方式。道德与法治学科教师们经过无数遍新课改的洗礼，最终深切地体会到了学科教学的真谛，教师的教不再只是“讲”教材，而学生的学也不再只是“听”教材，教师需要循循善诱，因材施教，不断拓展教学内容，让学生能够吸收更广泛的爱国知识和爱国精神，并且逐渐培养学生爱国情怀素养。我们都知道，家是最小国，国是千万家，在小学道德与法治课程教学中，教师培养小学生爱国情怀，也是在变相培养学生对于家庭幸福、国家繁荣的追求与理想。现如今的社会对于一心只读圣贤书的学生不再追捧，反而尊重那些心系祖国的高素质人才。新课程改革持续进行，小学学校的教学模式也发生翻天覆地的变化，传统的教学形式早已不能有效满足如今的教学需求，道德与法治课堂开展，就是为了贯彻及落实小学生思想品德教育。道德与法治属于小学教学中的重要科目，它的开展影响着小学生道德规范、法律

意识、“三”观等多方面的素质培养。道德与法治教师应该重视新课改要求，运用生活化教学模式把教学课堂和学生生活结合在一起，高效消除或缩短小学生对于道德与法治学习的距离感，助力小学生不断增强爱国情感。

（一）组织课外活动，促使小学生感受家国情怀

小学道德与法治课程的正式设置，目的主要是能够让小学生学会自主学习、独立思考、感受生活、塑造爱国情怀，通过亲身的生活经历来体会相应的道德情感与道德认知。小学生年龄还小，他们的生活经历和生活空间很少，所以，道德与法治教师要针对不同的课程内容来设计各种不同特色的主题活动，以此来丰富小学生的社会生活经验，促使小学生培养爱国精神，让小学生能够获得更多的情感感悟和自我认知。通过课外活动自身实践，学生能更清楚并且深刻认识和找到“体验需融入情感”的真正教学意义和存在价值。例如：道德与法治教师在教授部编版小学五年级第一单元“面对成长中的新问题自主选择课余生活”这一部分的内容时，教师可以组织小学生开展进入博物馆参观的课外活动，以此培养小学生的爱国情感。本节课的教学目标是塑造小学生的自主独立思想，让小学生懂得他们每个人都拥有自主选择的权利，并且能够自己合理选择想要的课余生活。教师组织学生在假期去博物馆参加展览，这也是学生想要的课外生活，学生欣赏了博物馆中的每件展品，并且认真详细地读着每件展品的来源和年代背景，并对其赞不绝口，他们逐渐发现了国家的伟大和民族文化的渊博，从而在心底里逐渐根植了爱国情感，在今后的学习生活中都会表现出自己的爱国热情。

（二）提倡角色扮演，帮助小学生培养爱国精神

小学道德与法治教学实践时，可以借助体验式教学开展爱国教育。应用体验式教学就是通过让小学生完全深入体验我们实际社会生活中可能发生的各种情况。教师可以提倡让小学生进行角色扮演，在角色扮演中教师可以组织学生来扮演各种不同的角色，角色扮演的教学方式主要有两个方面的好处：一方面可以有效率地提高学生的思想道德素养以及促进学生对现代社会的正确认知。角色扮演可以将更多学生尽快吸引到课堂教学中，对于学生吸收知识更有利，学生对于学过的一些知识可以理解得更加深刻，最终大大降低学生的学习难度；第二方面是角色扮演具有更高学习自主性和选择性，在引导学生角色扮演时，教师会提示学生注意所扮演的角色的人物形象，使学生在角色扮演中凸显人物性格并凸显矛盾关系，这样才能更好地体验角色的不同，解决所扮演角色中出现的问题。选择有名的爱国人士或者保家卫国的事迹，让小学生进行扮演，这样可以行之有效地促进学生培养爱

国情怀。所以，教师应该利用好学生角色扮演的这种教学方式，更好地帮助学生有效地学习和思考，进而塑造小学生的爱国精神。

（三）引导小学生合作学习，渗透爱国情怀

在当前新课程改革的巨大背景下，想要学生能不断提高自己的自主学习能力、独立分析、解决实际问题的综合能力以及小学生的爱国热情，教师就要充分运用生活化课堂教学，提高学生各技能方面的综合能力。道德与法治教师可以设计一种小组自由合作学习的教学方式，用来有效弥补学生自身的不足，在实际的课堂教育教学中，教师可以通过参考不同的课程教学内容特点来研究并设计不同的小组合作方式，使小组学生在合作中互相交流、分享各自答案，以此方式来迅速吸收所学知识，加深对所学知识的深入理解，培养并升华自身的爱国情感，可以在小组合作中不断探究实际问题，教师在实施课程教学中不断培养学生的学习主观能动性，就必然提高课程教学效果，而主观能动性的锻炼就是在小组合作过程中得以体现。所以，采用学生小组合作主动参与课堂学习的这种教学方式，可以充分激发更多学生的主动性和积极性，自觉地探索课程中的知识，解决社会生活中的问题，进而在解决过程中逐渐渗透爱国情感。

（四）持续创新教学手段，培养学生家国情怀

教学小学道德与法治课程时，道德与法治教师应该不断探索创新多样化教学方式，关注学生爱国情怀的塑造。第一，道德与法治教师可以将多媒体技术运用到道德与法治课堂，在备课阶段就要设计好精妙的多媒体课件，然后在课上向学生展示。比如在道德与法治课上，教师可以设计符合爱国主义教学情节的视频、音频，或者给学生展示爱国伟人照片，使得学生较直观地感受爱国情怀，道德与法治的教学内容也能更加充实。第二，道德与法治教师可以组织小组合作讨论，对于道德与法治课上提出的问题，学生可以自行小组讨论，这样能够帮助学生养成独特的爱国思想，增强学生道德与法治学习参与度，对于各种爱国事件都可以进行讨论分析，可以使学生渐渐地理解家国情怀，养成爱国意识。第三，道德与法治教师讲授道德方面的知识点时，可以设计不同的课堂主题，像民族英雄、民主政治建设等，学生可以自由表达自己的观点想法，教师在旁边认真听然后耐心辅助讲解。

（五）教学中穿插爱国故事，塑造学生爱国情怀

在现阶段的小学道德与法治教学中，影响小学生学习质量的首要因素就是道德与法治教

师的教学课堂经常无聊枯燥，使得小学生在道德与法治学习中提不起兴趣，也没有爱国情怀的培养意识。并且道德与法治教师若是一味地讲解道德知识或者社会法治知识，那么小学生就算认真听了也会很快忘记。面对这种情况，教师应该及时转变教学方式，在道德与法治教学中引入爱国故事，通过此种方式，来激发学生爱国情怀。在对爱国故事的讲述中，爱国人物和事件都在故事中鲜活起来，使得人物特征更加鲜明。学生在学习时，对于爱国伟人怀着敬仰之情，体会当时的国家状况，感受爱国人士的奉献精神，对道德与法治的学习也会更加积极，他们会将鲜活有趣的人物和事件充分联系起来，进而塑造了个人的爱国情怀。

在道德与法治教学时，教师可以将学生沉睡已久的学习潜能唤醒，将封存于其大脑的记忆激发出来，并能够打开学生心智，让学生充分体验家国情愫。作为道德与法治教师，在新课程改革背景下，应该重视学生爱国情怀培养的意义与价值，充分结合道德与法治教学与爱国情怀教育。根据素质教育的要求，不断探索创新新颖的教学方式，在教学中潜移默化地将爱国情怀渗透到学生心里，使得学生逐渐形成民族自豪感，自觉传承中华文化，让爱国情感在心里生根发芽，最终促进小学道德与法治教学更高效地开展。

二、“爱家乡”主题教育融入小学道德与法治教学的实践探索

道德与法治是国家建立的爱国主义教育显性化、学科化的课程。在众多的爱国主义教育内容中，“爱家乡”主题教育具有切入口小、生动具体、易感易知的特点，分散在小学阶段各年级。目的是由浅入深地引导学生养成从身边的人、事、物中发现、感知、体悟、学习，循序渐进地根植爱国情，筑牢强国志，听党话、跟党走，服务人民、奉献国家。

（一）小学生“爱家乡”主题教育中家国情怀素养构成

爱国是国民最基本的素养，家国情怀培育是爱国主义教育的重要根基。根据《新时代爱国主义教育实施纲要》的精神要求和道德与法治教材内容，教师应当不断深化对教育目标和教学内容的理解和掌握，完善小学生“爱家乡”主题中家国情怀培育的四个维度：认识家乡、探究家乡、建设家乡、热爱家乡。

1. 认识家乡

对家乡的认识是爱家乡的逻辑起点。认识家乡是学生经过学校、家庭和社会教育及自身的实践学习后，所积累的对于家乡的认识、感知和理解，包括对家乡自然环境、历史人文、社会经济、文化建设等方面的认识。

2. 探究家乡

探究思维是运用探究原则、探究方法思考和处理问题的思维方式，是学生参与社会、

适应社会的必备能力，主要包含创新意识、质疑意识、分析意识、推理意识、求证意识等方面。

3. 建设家乡

小学生身处家乡、受惠家乡，应当感恩家乡、敬仰劳模、学习先进，以积极姿态参与家乡公共事务。“爱家乡”主题教育的目的是利用蕴含在家乡认知背后的精神力量，潜移默化地“灌溉”教育，指导学生的生活实践和日常行为，以实际行动为家乡建设出力。

4. 热爱家乡

家国情怀是政治认同核心素养的重要组成部分，而乡土情感是家国情怀培育的要素之一。需要特别注意的是家乡和祖国的从属关系，如果在课程教学中过度强调家乡意识可能会让学生产生错误认知，不利于学生形成对国家的认同感和归属感。

（二）课堂与生活的融通：追求抵达儿童的教学探索

在小学道德与法治课程中，开展“爱家乡”主题教育的关键是要让“思政小课堂”和“社会大课堂”合拍共鸣。即从生活实际出发，把握先进典型传递的价值导向，讲好中国故事，努力使学生在家乡的发展中体会到家乡的美好、中国的力量、劳动的价值，发挥地方性优质资源的育人功能。

1. 明晰切入点，把握“认识家乡”脉络

小学阶段的教学侧重“初步”认识家乡，重在培养认识家乡的兴趣，初步形成主动探究的意识和思维能力，为进行社会生活实践、形成建设家乡的担当意识和使命感奠定基础。

（1）横向拓展的脉络

在教育实践中，教师应当以教材中呈现的家乡知识为主线，准确把握各学段“爱家乡”主题单元的循环要求，结合各学段年龄的学生学习、生活的实际情况，有侧重地从物质、文化、环境、经济等角度感受家乡的快速发展，使学生在“社区和家乡”生活领域的社会实践中收获更多。

（2）纵向螺旋上升的脉络

小学各学段“爱家乡”主题教学内容涉及不同的层次和领域，教师需要注意教育的科学规律和目标设置上的螺旋上升。例如，“我在这里长大”上承二年级上册第四单元“我们生活的地方”，下接四年级下册第六单元“我们的国土我们的家园”；五年级上册第一单元“感受家乡文化关心家乡发展”，从家乡的自然风景、人文环境的初步感受，形成对家乡生活的悦纳与责任，到深入家乡社区生活，感受社区生活的安全性、舒适性、教育性和娱乐性，再到“了解本地区自然环境和经济特点及其与人们生活的关系，感受本地区的变化和发展，了解对本地区发展有贡献、有影响的人物，萌发热爱家乡的感情”。随着年级的升高，爱家乡教育的落脚点会有所变化，各年段单元教学既要达到课标要求，又要为后面教学的延伸做好铺垫。

2. 精选案例，培养“探究家乡”思维

精选典型案例是对国家课程进行的一种地方性资源开发。在教学实践中，教师往往需要通过一个个来源于生活的真实案例去引导学生探究家乡，以达到启思、明理、导行的效果。

（1）选择经典案例

典型案例的作用在于以短小、精炼、鲜活的时事推动学生带着实际问题去认识家乡，在解决问题的过程中培养家国情怀。特别是有价值的社会事件和新闻等，是作为非正式知识的教学素材，教学要关注问题探究、思维内化的过程，从事理到情感，引导学生基于实证深入开展学习。

（2）选择辩证案例

辩证案例是以物质世界内部运动规律为基础，思考感受人与事物之间的联系和规律，进而得到某种结论的案例。辩证案例的选择和应用能帮助学生初步学会以多角度、发展的眼光来看代家乡发展中的问题。例如，在本单元教学中，教师从家乡人的抗疫事件追溯，以角色代入法将学生引入“瓷器店里抓老鼠”问题情境，引导学生在假设、推理、追问、评析中看到精准防疫的难度，认识到要与时间赛跑，做到每一个环节环环相扣、层层落实、人人参与。学生通过亲身体验认识到抗疫离不开大数据的发展、科学技术的支撑，感受到家乡人在此过程中表现出的“爱岗敬业、淡泊名利、无私奉献”劳动精神，初步形成爱科学、学科学的志向，增强长大为家乡建设出力的意识和愿望。

3. 引导实践，加深“建设家乡”体验

社会实践可以丰富和深化学生思想道德体验，促进学生在以家乡为背景的社会大课堂中增长才干，将对家乡的认知内化、实化为关心家乡、参与社会的学习力、适应力和行动力，增强服务意识、劳动意识，初步形成以实际行动建设家乡和祖国的担当意识和使命感。

（1）社会生活参与

家乡处处有故事，生活处处皆学问，关键要做有心人。家国情怀的培育离不开社会生活，离不开引导学生以实际行动参与家乡建设。例如，教师可以开展“我是家乡小导游”活动，通过大白兔奶糖、家门口的“放心菜”、最美楼道等社会事件，拉近学生与实际生活的距离，引发学生好奇和兴趣，然后在实地探访中经历观察、发现、体验、感悟、行动，感受家乡发展成就的背后是无数家乡人的共同努力，才铸就了今天家乡的辉煌，意识到还将面对新时代挑战，更需要我们这一代继续努力。

(2) 社会生活反思

新时代思政课面对多元文化时代、多元价值呈现，教学过程必然更加开放和复杂。学生面对不同价值观的冲击时难免出现困惑，甚至产生迷茫，这就需要树立正确的价值观，在动态生成的社会生活中进行问题反思、价值辨认和行为选择。例如，在本单元教学中，教师由家乡的抗疫流调事件，引发学生审视自己的生活习惯，反思“三件套”“五还要”，体会做不到所引发的巨大公共资源消耗成本，确保自身动作不走样，以公共生活中的点滴小事发挥家乡建设积极作用。

推进小学“爱家乡”主题教育发展，是培养小学生家国情怀的有效途径，对教师因地制宜挖掘地方性教育资源、开发校本化课程的专业能力提出挑战。在以小学道德与法治“爱家乡”为主题的单元教学中，如何追求课堂和生活的融通，涵养实践性的教学智慧，使之真正到达儿童，还在不断摸索和实践中。将社会生活参与和社会生活反思进一步深化，促进小学生的全面成长，深化立德树人，是今后需要研究实践的内容。

第四节　家校社立体化育人

随着时代的发展，学校教育、家庭教育、社会教育都面临着新的挑战和困境。面对多样化，且多变化的学生群体，学校教育、家庭教育、社会教育必须再合体，才能真正做到与时俱进。而作为学校教育这一核心主体，最需要与时俱进的就是家校共育。

一、多元关心学生成长

在常态教学过程中，我们需要就关心这一板块作以下两点的新努力。

（一）建构健康学生小组

学生接触最多的，也是最喜欢接触的不是家长，不是老师，而是他们学习和生活的伙伴。一个优秀的学生小组能一起向阳光、健康的方向发展，依靠团队的力量及时解决生活和学习中的不良习惯。因此，作为学校、家庭，都有必要帮助学生寻求一个积极、健康、向上的学习和生活小组。小组有自己的梦想、有自己的约束、有自己的行动，小组在正能量的引领下才能健康发展。在小组建构的过程中，学校以班主任、任课教师为主要小组分配实施者。应结合学生的意向，将学生分成若干个小组，以学习成绩、学习习惯、生活习惯、性格特征等多个方面因素进行整合，进行小组的分配，并进行定期的评价、奖励、展示等等。

（二）形成多维关切团队

在传道授业解惑的过程中，我们密切关注学生的思想动态，走进学生的心灵，用我们的师爱、父爱、母爱来建构起心的交谈，这种交谈建立在信任的基础之上。应让孩子感受到教师对他的关心不仅仅停留在学习成绩上，更关注其身体、特长和综合素养。应让孩子感受到父母不仅仅为他们提供丰富而充实的衣食住行，还是他们心灵的依靠；应让孩子懂得要自强不息、戒骄戒躁。在失败时，父母会和孩子一起承受失败，更为孩子的失败分析原因、查漏补缺，鼓励孩子从哪里跌倒就从哪里爬起来，促使学生更加坚强、自信。而且家长和学校通过多种方式保持密切的联系，将我们教育过程中遇到问题进行沟通、交流、分析，最终促使学生问题得以巧妙解决。学校对问题解决过程中遇到的现象、本质、经验、策略进行深入的分析和整理，使之成为学校家庭教育的一笔宝贵财富。在建构方面，我们学校组建 QQ 群、家校通、家校热线、微信公众号、微信平台等形式，重视关切的深度和广度，提高家校合作的有效性和时效性。

二、全面提升老师素养

教师是连接家校共育的纽带，特别是班主任队伍的建设，尤其重要。为此，学校和教育主管部门要全面而深入地提升教师队伍综合素养。这些素养不仅包括师德素养，还包括专业素养。因此，在这方面我们需要在实践的基础上不断加强反思与研究，帮助教师将理论研究放到实践工作的对称位置上。有效的家校合作离不开先进理论的支撑。学校组织家长、教师、班主任等相关家校合作的主干力量进行深入的理论学习，掌握心理学、教育学、家庭教育相关知识等等，让每个参与家校合作的老师都在理论上得到一定的提升，并结合理论对我们的实践进行一定的指导和借鉴，以此促使实践效率的提升。学校组织班主任参加社会工作师的自主学习、培训、考试，已经有二十多名教师取得社会义工的初级证书，这为进一步开展家校合作工作奠定了良好的基础。在这个方面，学校由党委牵头，分管副书记、各职能部门具体落实相关事宜，家庭教育指导中心负责组织家长进行定期的培训和指导。

三、不断提高家长素养

家庭教育的教育者是孩子的家长，家长居于家庭教育的主导地位，是家庭教育的设计者、组织者、执行者。家长对于未成年的孩子来说是物质生活的基础和来源，家长的劳动观念、生活方式、思想道德品质对孩子产生更有实际意义的长期的潜移默化的影响。家长是孩子的一面镜子、一个榜样，直接对孩子的学习生活产生影响。首先，家长必须自己塑造一个良好的形象让孩子自然地去学。西格莉夫人曾这样说过："你希望孩子成为怎样一种人，你就得在自己的言行中争当那种人。"① 这说明家长是孩子模仿的第一对象。其次，家长必须掌握教育常识，掌握孩子的心理特点，正确地预见和分析孩子对各种情况的反映，从而使家长在教育子女的过程中避免失误。有针对性地依据孩子的心理去设计方法，实施教育，才会有良好的效果。

四、提升学校综合实力

在目标达成的过程中，我们要不断地提升家校合作的综合实力。这种软实力不是一朝一夕可以实现的，而是需要学校的领导管理层面、中层的执行落实层面、教师的实施调整层面、家长的日渐一日的教育与配合层面，努力做到层层相扣、面面俱到。具体要落实到以下几个方面：

（一）必须坚持正确的方向

端正家庭教育思想，要依据党和国家的教育方针，培养有理想、有道德、有文化、有纪律的社会主义新人。特别要克服小农思想、小资意识。鼓励和帮助孩子正视学习和生活，克服困难、勇于面对挫折和失败，不骄不躁，勇于拼搏，全面提高孩子的思想道德、文化科学、劳动技能和身体、心理等素质，促进其生动活泼的发展。

（二）家庭教育一定要按客观规律办事

计划的制订、措施的选择、方法的运用都要本着实事求是的态度，针对孩子的特点组织实施教育。科学的内容安排和教育方法是搞好家庭教育的根本保证，是切实教育好孩子的重要途径。

---

① 施建农.（2004）. 你希望孩子成为什么样的人？——中国父母和美国父母的比较. 父母必读（16），2.

（三）优化学校、家庭教育环境

每个学校都有其核心文化和文化底蕴。这种文化和底蕴会让学生感受到学习环境的轻松愉悦，能熏陶孩子的思想意识，引领学生的正确发展。与此同时，优雅的家庭环境能使孩子的心胸开阔，思维敏捷，思路清晰。因此，学校和家长都要设法营造一个良好的学习、居住、生活、人际环境，用高雅的文化氛围使孩子接受高尚的美的熏陶。

（四）家校合作，持之以恒

家校合作应有长期性、长效性，要持之以恒、坚持不懈。它不能仅凭一次家长会、一次家访来达成良好的家校合作效果，更不能因为学生在学习或生活中遇到问题了才进行家校合作，甚至采用一些过激措施，而是应在正确的合作机制和常态下持之以恒，保证合作教育的持续进行。

1. 聆听专家讲座，引领家长成长

孩子遇见的第一任老师是父母，受教的第一所学校是家庭，由此可见家庭教育在孩子的整个教育生涯中是多么重要，与此同时，对孩子的健康成长又有着多么重要的影响。为了更快地帮助家长树立正确的教育观念，掌握科学的家庭教育方法，提高家长的科学教育水平，有效地指导学生学习，促进学生的综合素质全方位提高，家长在学习了一定的教育学心理学理论后，回到他们各自的家庭，就可以有效帮助改进家教方法，并且根据孩子不同的性格特长、智力、体力等主观因素以及不同年龄阶段、不同的心理特征，采用说理、分析、批评、表扬、示范、鼓励等不同的教育方法。只有增强家长身教重于言教的意识，在学习和工作等各方面为子女做出表率，营造良好的家庭氛围，才能发挥家庭教育应有的作用和影响力。

2. 建立“双向”反馈，促使家校之间真正的对话

以前在学校开展家长教育进校园活动时，比较偏重于学校单向宣传，虽然也有作用，但效果不明显。自从将家校活动转变为双向沟通后，一方面向家长宣传了科学教育的理念，另一方面也可以收集家长反馈的信息。而这些宝贵的反馈数据，进一步分析和整理、归纳和总结，在加强家校共育方面发挥着重要的作用。建立有效的“双向”反馈机制，不仅能使学校与家庭的教育活动合为一体，也更便于调动家长配合学校教育教学工作的积极性，为家校双方的合作共赢创造了稳定的共育环境。

3. 合理开发家长资源，丰富家校共育文化

家长资源是一笔不可多得的财富，如何充分合理利用，也是学校需要认真思考的

问题。

利用家长的教育资源，方式方法可以灵活多样。例如，举办育儿经验介绍、家教有奖论文征集展示，召开家长心得总结报告会等。让每个家长都有展示自我的机会，并把一些他们的新观念、新见解和新看法，与在座的其他家长，或者学校领导、教师分享和交流，反过来促进学校教育质量的提高。同时通过家长进课堂活动，使学生学到了很多课外知识，理解了他们父母的日常工作内容，增进了父母和孩子之间的感情。长此以往，学生会在不知不觉中开阔视野，拓展知识，养成良好的品德，与此同时，也让家长有机会亲临教学第一线，走入课室和班级，更好地推动家校共育的良性发展。

家校共育工作，不在一朝一夕，而在持之以恒，其着力点体现在“共”和“育”。所谓共育，就是把家庭和学校拧成一股绳，形成一股合力，共同把孩子培育好，二者相辅相成，缺一不可。这就好比用左右两只船桨划船，一边用力不当或者不均衡，船的方向就会把握不好或者走偏。充分合理利用学生家长资源，搭建好学校、家长和学生的沟通平台，从而更好地推动科学、简便、高效的家校共育向前发展，充分调动家长参与教育工作的主动性，更好地达成家校教育共识。

（五）开展家庭教育必须与学校教育、社会教育相一致

三者要在教育思想、教育目的、培养目标、教育效益等方面保持一致，相互依存，共同推进，互为补充，方能更有效地发挥教育的作用，更好地教育孩子。家长应和学校保持密切联系。家长要经常去学校了解情况，了解孩子在校的表现，向老师反映孩子在家的情况，使家庭教育与学校教育和谐结合，形成合力，共同作用于孩子，以配合学校。这样，教育效果就会大于单一的家庭教育，使家庭、学校和社会三教一体，培养出更好的人才。

针对新时代的教育新问题，我们需要在实践中不断反思不断学习，充分发挥好学校、家庭、社区的集体智慧和力量，利用现代化的交流、服务、监督平台，如此才能最大程度地解决问题，降低问题对学生发展的影响。

第五章 “互联网+”背景下小学道德与法治课程的教学探索及创新

第一节 “互联网+”背景下新型课堂的主要特点和教学价值

随着互联网技术的高速发展，“互联网+”已悄然而迅猛地进入人们生活的方方面面，教育也依托“互联网+”发生了翻天覆地的变化。云计算、大数据、移动互联等技术带来的数字化学习方式，催生了“互联网+”新型课堂。

品德课程是一门综合课程，课程重视学生健康生活、学会合作、人文底蕴、责任担当等必备品格与关键能力的培养。站在课程中心的学生，从小就身处强大的网络世界，“互联网+”早已成为他们的生活、学习方式。基于“互联网+”的新型品德课堂，开放、交互、融通……将更好地让学生发展核心素养平稳落地。

根据品德与社会课程标准，要让学生“从自己的世界出发，用自己的眼睛观察社会，用自己的心灵感受社会，用自己的方式探究社会，并以此为基础，提升学生的生活能力。”也就是说，教师要引导学生基于自己原有的生活经验去自主发现、感受社会，探究社会。但是，学生有了发现，用怎样的方式能更好地与老师、学生交流呢？传统课堂中都是通过口述，然而仅凭口述，无法让听者达到身临其境的程度，也就无法撼动听者的心灵。德育是用一颗心去碰撞另一颗心，用一份情去感染另一份情。无法感动听者的心，这样的交流意义也就不大。

核心素养视域下的“互联网+”新型课堂，充分利用“互联网+”的优势，借助各种移动终端，解决了以往学生拍摄、传送资源的困难。每名学生申请了QQ号，建立了班级QQ群。在此基础上，教师指导学生自主申请百度云等云存储空间，便于传送更大的文件。同时，借助家长的力量，教会学生用智能手机或iPad等拍摄照片、视频，并上传至QQ空间相册或百度云等。上课交流时，学生随时调用自己的资料，呈献给老师和同学源于学生实际生活的真实画面，不仅能更直接地震撼听者的心灵，还能让分享者体会到自主发现的喜悦。

一、“互联网+”背景下新型课堂的主要特点

“互联网+”背景下，品德新型课堂基于传统课堂有了新的突破与发展，在实现核心素养落地方面独具优势，具体体现在以下几个方面：

（一）学习内容更具现实性、延展性

教材是学生进行学习活动所凭借的话题、范例、提示，它只是学生学习人类文化的一根拐杖。学习内容中的知识和信息不是唯一的、最终的目的，只是实现调动学生的积极性，促进学生进行自我建构的一个手段。现行的品德教材，因受到地域、学生现状的限制，部分内容并不适合所有地区学生的学习。某些主题的教材信息过时，也不能有效地促进学生的社会性发展。依托“互联网+”，学习内容将不再受此限制，学生可以随时上网，根据需要获取信息，极大程度地拓展学习的资源，更利于课堂的生成与深入。学生在现实生活中的点滴发现或者观察、调查所得，可以随时拍摄照片、视频，通过社交平台或云学习平台，与同学、老师实现无缝交流。学习内容更加生活化、更具现实性……“互联网+”连接了巨大的资源空间，延伸了学习时空，为品德课堂提供了丰富多元的学习内容。学生在自主获取学习内容的过程中，选择更为自由、个性更加舒展，学习素养得到全方位的提升。

（二）课堂交流更具交互性、思辨性

传统品德课堂交流，以生生互动、师生互动为主，而基于“互联网+”的新型课堂更多地加入了人人互动、人机互动，这就使得课堂交流更具交互性。师生、生生之间既可以是“一对多”的交流，也可以“点对点”地通过各种交流平台进行交流，使信息得以更快、更广地传递。学生在学习的过程中，利用各种人际交往平台或云学习平台，随时接收同学、老师的信息，传递自己的信息，在“一进一出”间，学生需要不断地判断、甄选、思辨，在这样的长期交流中，思维品质必将得到提升，其深度及广度都得以拓展。

（三）学生学习更具自主性、灵活性

品德课程特别强调学生的自主参与，在课标中明确提出“用学生自己的眼睛观察生活和社会，用学生自己的心灵感受生活和社会。”并由此引导学生去过健康、安全、愉快、积极、负责任、有爱心、动脑筋、有创意的生活。新课标从多个方面强调了教学中要注重自主学习和独立思考，如“课程的呈现形态主要是学生直接参与的各种主题活动、游戏或

其他实践活动；课程目标主要通过学生在教师指导下的活动过程中的体验、感悟和主动建构来实现。”“让学生成为活动的主人。”“本课程的学习是知与行相统一的过程，注重学生在体验、探究和问题解决的过程中，形成良好的道德品质，实现社会性发展。课程设计与实施注重联系学生的生活实际，引导学生在实践中发现和提出问题，在亲身参与丰富多样的社会活动中，逐步形成探究意识和创新精神。”等。这与《中国学生发展核心素养》中的具体要求是完全符合的。在核心素养视域下的“互联网+”新型品德课堂中，学生的学习更具自主性，更注重自主发现身边的问题，自己设计解决方案，独立或与他人合作解决问题，在活动过程中提升学习能力、协作能力等。

（四）活动评价更具时效性、针对性

依托“互联网+”，教师可以借助云教学平台，采用量化与模糊化相结合的方式对学生的活动进行即时的评价：可以是量化的分值型评价；可以是星级制评价；可以是语言描述类评价；还可以运用社交平台上的表情来评价。当然，更可以是几种方式相结合的评价。活动评价还可以邀请家长参加，同时还可以通过社交平台发布到更大的范围。最后，教师可以借助平台的即时反馈功能，有针对性地即时调阅某些学生的情况。这样有针对性的即时评价，能促进学生学习动机的迸发，进一步调动学生学习的积极性。这是传统课堂评价所无可比拟的优势。

二、“互联网+”背景下新型课堂的教学价值

（一）利用“互联网+”提升品德教学的实践性与开放性

道德与法制课程这门开放性的学科，从学生现有的生活状态、生活经验入手，着眼于学生未来更美好的生活。依托“互联网+”的品德新型课堂，可以根据本地区、本班学生的身心发展需求，开发教学资源、延展教学时空、拓宽学生眼界，从多角度、多层面引导学生去理解、认识自我、他人和社会，在实践中思考、分析、判断、选择……逐步形成问题意识、探究意识和创新精神。

（二）利用“互联网+”实现学习方式的多样化和协作性

核心素养视域下的品德教学注重学生学习方式的转变，自主、独立、合作成为学生学习的常态。在基于“互联网+”的新型课堂中，学生在各个情境学习或项目学习中都有自己的任务，通过网络获取信息、筛选信息，选取自己最需要的信息。在一次次的锤炼中，

学生独立自主的学习能力不断提升。而学习并不是单一的，在新型课堂中，学生间、师生间的协作是随时发生的。每一名学生在分享平台上分享自己的学习成果，接受同伴、老师的评价、指导；或者项目学习小组成员间通过互联网将信息传递、汇总到一起，再次通过学习、碰撞、融合，形成小组成员共同的学习成果。在这样的学习过程中，学生成为真正的学习主体，思维极度活跃，素养逐步提升。

品德与社会课程标准中明确指出：在教学中，教师要调动学生的生活经验与认识，鼓励学生与拥有不同经验和观点的同伴、教师和其他人开展交流、讨论和对话，分享经验和感受。每一名学生都是课堂的参与者、实践者、体验者，通过主动积极地学习，获得认识与体验。传统课堂中，类似的独立自主学习、小组讨论活动也是经常使用的学习方式，但具有明显的局限性，而依托于“互联网+”的新型课堂，完全改变了这种现状。

首先，全新的多屏互动分享技术可以在不同的终端设备之间多终端、多宽带分享，尤其是可以利用无线网络连接的方式，实现数字多媒体（高清视频、音频、图片）内容的传输，同步不同屏幕的显示内容。在云技术的支撑下，品德课堂的互动分享与合作也更有实效。

其次，多屏互动技术进入课堂，让交流分享活动显得更加正式，学生精神更为集中，交流效果明显提高。每一位学生要在小组内将自己的资料传到分享屏幕，展示自己的学习成果与学习体验，而组内成员则在倾听的基础上，相互补充自己的收获。这样，能够让每名学生都有交流的机会，既是对学生自学情况的反馈，也能培养学生梳理信息、口头表达的能力，对学生完整人格的培养起到了一定的作用。

更重要的是，在完成个人学习成果交流的基础上，各组要在组长的组织下，确定需要汇总的信息，然后，组员通过各种渠道，将自己的信息传到组长的 iPad 上，由组长汇总并交流。学生个体发展还不成熟，其自主探究可能会有一定的表面性、片面性。因此，在此过程中，需要教师相机参与讨论，或启发，或引导。学生与教师、同伴之间的协作与互动将有利于学生协作意识、协作能力的提升，有利于学生个性发展和完善。

（三）利用“互联网+”实现学生学习过程的自主管理

学生是学习的主体，每名学生学习的目标、过程、方法、喜好等都带有其独有的特点。这就决定了“教师应由单纯的知识传授者向学生学习活动的引导者、组织者转变。”“教师要通过创设任务情境或问题情境，激发学生主动学习和探究的兴趣，鼓励他们大胆尝试解决问题的方法。”依托“互联网+”，学生自主探究的机会更多，学习平台更加多样化，学习内容也更加精彩纷呈。网络的超链接特性打破了教学内容和程序的线性结构，在学习过程中，先学什么，再学什么，重点学什么，怎么学，这些都需要学生根据自己的学习特点、学习目标，选择适合自己的学习方式、学习进度等，这样的实践过程，能促使学生自行发现自我价值、发掘自身潜力、确立自我发展目标，有助于每名学生形成自己的心智历程，切实促进学生核心素养的形成。

基于教材，从已有的学习内容出发，学生的学习兴趣各不相同，学习重点也是各有差异。学生在学习的过程中，从自身学习的需求出发，自主管理学习进程、学习方式，这是学习能力提高的明显标志，意味着学生已由教师逐步引领、群体跟进的阶段进入到独立思考、自主学习的阶段。在学习过程中产生疑惑，能习惯性地借助强大的互联网寻求帮助。在交流分享时，既能表明自己的观点，又能大方地提出问题，引发同伴的思考，并进一步深入探究。这样的学习主动而高效，开放而活泼，是新型课堂独特的风景。

当然，基于“互联网+”的新型品德课堂教学还具有很多价值，如：可以催生学习成果的多元化，可以实现评价的多样性、过程性及即时性，还有利于实现学生的差异诊断，便于开展差异性教学等，这里不再一一赘述。

核心素养视域下的“互联网+”新型品德课堂教学充分借助移动互联、智能终端、云计算等各种技术手段，通常以独立思考加小组合作的方式完成各种学习任务，共享各种学习资源和知识经验，培养学生的信息素养、独立学习的素养，提高学生间的协作能力，提高学生的高级思维能力。基于“互联网+”的新型品德课堂教学，与传统课堂教学各有优势，实现互补，能促进学生核心素养的形成与发展。

三、互联网在小学道德与法治教学中融合的重要性

（一）帮助学生理解

小学阶段的学生正处于培养思维能力的初始期，在学习抽象性、逻辑性较强的知识点时常常会遇到阻碍。道德与法治课程的知识点就有着明显的抽象性，学生在学习其理论知识的时候总会感觉困难重重。互联网在小学道德与法治教学中的融合在一定程度上可以缓解这个问题。教师可以通过文字、图片、视频的方式，促进学生对相关知识点的理解，教学效果也可以得到提升。

（二）拓宽学生视野

在小学道德与法治课堂上，会涉及多个领域的内容，譬如地理、历史、法律等等。这样一来，学习跨度也比较大，学生学起来也会遇到一定的困难。互联网在小学道德与法治

教学中的融合，可以帮助学生在道德与法治知识点之间建立一定的联系，丰富教学内容，拓宽学生视野，学生理解起来会更加顺畅，也可以提升道德与法治相关素养。

（三）突出教学趣味性

在以往的道德与法治课堂上，教师采用传统的教学模式，学生感受不到课堂的趣味。而互联网在小学道德与法治教学中的融合促使教师创新教学方式，将道德与法治相关知识通过多媒体设备呈现出来。教师以多种趣味性形式直观地表现在学生面前，学生会获得良好的学习体验，也能感受到课堂的趣味性。这样一来，学生在学习上有了积极性和主动性，课堂质量与效率也可以提升。

四、小学道德与法治课堂教学中互联网的有效利用

小学阶段是学生道德与法治素养形成的关键阶段，如何采用恰当的教学方法激发学生对道德与法治课堂的学习兴趣，树立正确的思想观念是当前教师在教学中需要着重探讨的问题。随着现代网络技术的不断发展，互联网对教学的影响越来越大，“互联网+”的模式有效的实现了资源共享，扩展了学生的知识面，激发了学生在课堂学习中的兴趣。因此，在道德与法治教学中，教师也可以利用互联网去改变传统教学模式，提升课堂教学效率，最终达到培养小学生道德与法制素养的目的。

（一）利用互联网提升学生学习兴趣

兴趣是最好的老师，在课堂中提升学生的学习兴趣是激发学生主动性，活跃课堂学习氛围，提升教学质量的基础。因此，在互联网背景下，教师不妨将网络中的视频、图片等资源融入课堂教学中，以此创建出良好的课堂学习氛围，增加学生的学习兴趣，并让他们在愉悦的教学环境下增加思维的活跃性，满足教学需求。

（二）利用互联网创设良好的教学环境

课堂是学生进行学习的主要场所，道德与法治课教学课堂则是培养学生道德与法制素养的主要阵地。在课堂中创建一个良好的教学环境能够激发学生对道德与法制的学习兴趣，激发学生数学思维，养成探究性的学习习惯。因此，教师在教学过程中，可以结合当前课堂中的教学目标，利用互联网和多媒体制作精美的教学课件，以此创造出不同的教学环境，启迪学生思维，帮助学生在学习过程中素养高尚的品德以及正确的法制观念，树立正确的价值观和人生观。

（三）利用互联网突破教学的重难点

在互联网教学背景下，微课已经成为了当前教学中的一种常见教学方法。简单来说，微课就是利用较短的时间，以视频为载体，围绕每个知识点或是某个教学难点展开的教学活动。可以说，恰当的运用微课教学可以有效提升课堂教学效率，帮助学生解决学习中的难题。

当然，微课在课堂中的使用对教师有着较高的要求，想要用微课在解决课堂教学中的重难点需要满足以下两方面的要求，一是要熟悉互联网的操作，能够掌握搜索视频和录制视频的方法；二是要把握好道德与品质教学的要求，这就要求教师在教学过程中不断丰富自己的教学理论水平，进一步理解课堂教学中的目标，并从中准确把握教学中的重点和难点，做到心中有教材，心中有学生，以此让微课更加具有逻辑性，发挥出它在教学中真正的价值。

（四）利用互联网将教学延伸到生活

生活中的道德与法治必然会有课堂教学所涉及不到的内容，这对于培养学生正确的价值观念来说有一定的局限性。为了能够让学生将实际活动与理论知识结合起来，通过对生活事物的观察和思考获得成长，教师不妨尝试利用互联网将课堂延伸到生活中去，为学生创建出最真实的生活情境。例如，对于城市的孩子来说，他们与大自然接触的机会十分有限，为了能够让这些学生更加真实的感受到自然的魅力，教师就可以利用网络图片或是视频的方式开阔学生的眼界，丰富学生的生活。再比如说，在学习交通与生活时，教师可以利用网络图片向学生去展示从古至今的交通工具，并让学生了解人们是怎样乘坐这些交通工具的，以此帮助他们认识不同类型的运输方式，感受生活中的奥秘。这种利用互联网将课堂教学延伸到学生生活的方式不仅仅可以提升学生对知识点的学习兴趣，更能够激发学生在生活中进行探究的积极性，以此达到拓展学生生活能力，激发学生生活感悟的目的。小学道德与法治课堂教学要结合小学生的成长特点，利用网络资源和多媒体丰富课堂教学形式，提升小学生的积极性，拓展学生思维，为他们的认知活动和实践活动提供基础，实现培养学生道德与法治素养的目标。总之，教师在互联网背景下，要充分发挥出网络的作用，让道德与法治课堂教学更加丰富和完善。

第二节 建构“互联网+”背景下新型课堂的基本要求及需要避免的问题

一、建构核心素养视域下的“互联网+”新型品德课堂的基本要求

（一）强大的硬件支持

从学校层面讲，需要架设教学实施的云教育环境。校园架设无线 WiFi，并能够稳定安全地运行是新型课堂的必备条件。在新型的品德课堂教学中，数十台移动终端互联互通，互动环节需要师生、生生交流，需要实时投屏，因此教室内还需要实时投屏设备。学习过程中，师生需要借助各种 App、云教育平台、网络调查平台等，这部分资源需要实时更新。鉴于品德课程的生活性及综合性的课程特点，很多时候教学空间将从学校延伸至家庭，因此家庭网络环境的建设也是必不可少的。目前，学生学习的终端也由学校提供阶段转向自带设备阶段，因此家庭至少应给学生配备适合学习的智能终端，便于学生更方便、自主地学习。

（二）参与者理念的更新与积极的行动

任何一项新技术的推广，都需要理念的引领，尤其是教育，更需要理念先行。构建新型品德课堂，首先需要教师理念的转变，走出传统课堂的思维定式。同时，教师要学习相关技术，从技术层面向前迈进，要从同行已有的成功经验中体会新型课堂的生命力。其次，需要转变家长的观念。目前的家长仍然是追求分数的居多，他们认为在中考、高考的压力下，这样的教学改革效率低下、影响学生的学习成绩，不值得推广。因此引导家长更新观念，理解新型课堂教学对学生信息素养、学习素养提升的关键作用势在必行，这样的教学改革也只有在家、校的通力合作下才可能取得较理想的效果。再次，需要加强对学生的技术指导和行为引领。教师开展基于“互联网+”的新型品德课堂教学，需要掌握使用方法，这需要一个学习的过程，包括各种 App 的使用，网络搜索、信息下载、实时投屏技术的熟练等。另外，交流汇报的方法、态度等也是学习的内容，在这个过程中，学生的思维能力、语言组织及表达能力都能得到较好的发展。还有不可忽视的一点，学生的使用行为需要规范。小学生自控能力差，容易沉迷网络，因此不管是在课堂学习还是在家庭学

习，都需要规范上网的行为，控制使用网络的时间。

（三）教师更深入地钻研教材、理解教材

并不是所有的品德教学内容都适合采用基于“互联网+”的新型教学，也并不是某一课从头至尾都需要采用新型教学。有些内容，传统的课堂教学比新型课堂更能体现其优越性。因此，如何选择合适的教学内容、合适的教学方式是一个重要的课题。另外，在新型课堂中，使用哪种 App，运用哪个教学平台更为合适，都需要教师提前做好充足的准备。

二、建构核心素养视域下的“互联网+”新型品德课堂的注意事项

（一）架设适合的硬件环境

建构基于“互联网+”的新型品德课堂必须具备几个硬件条件：

1. 有畅通而稳定的无线网络

新型课堂中，师生每人一台智能终端，数十台智能终端同时借助网络或浏览网页、搜集信息；或信息互传、相互分享；或登录平台、自主学习……一切都依赖于安全可靠、稳定运行的无线网络。普通学校可以从架设局部的无线网络开始，例如一个或几个教室，在条件成熟的情况下，建议全校架设无线网络，让每一个独立的学习点，形成一个紧密相连、随时互通的学习网，实现随时随地的泛在学习，充分发挥新型课堂的优势。当然，每一个家庭也必须开通无线网络，便于学生学习的延伸与拓展。

2. 学校建立专门的“智慧教室”

“智慧教室”是指专门用于开展基于“互联网+”的新型课堂教学的教室，可以是专用教室，条件允许的话，可以推广到学生平时上课的教室，以利于教师、学生随时随地开展学习。教室内除了无线网络之外，至少要配置无线投屏器和投影机，形成全班共享屏，供师生讨论、共享信息等使用。条件许可的话，还可以为每个合作小组配上无线投屏器+HD 高清电视，形成小组分享屏，供小组合作学习使用。教室内最好能配备一台移动小车，除了可以实现教室内所有智能终端同时充电，还可以同时给所有终端下载统一安装、管理教育 App、推送学习资料等。

3. 师生人手一台智能终端

拥有适合新型课堂的智慧云平台。合适的云平台有利于新型课堂的顺利开展，一些公共的网络平台有利于学生交流与互动，如 QQ，班级建立 QQ 群，学生在群内可以上传作品、相互评价。一些免费的调研平台可以为教学提供实时调查，并提供数据的汇总、分析

等，便于师生从数据中分析情况。还有一些平台，可以提供测试、评价等服务，教师提前利用后台设计好题目，在课堂中学生参与现场答题，平台可以很快分析出答题的数据，出示图表，可以精确到每道题、每个人的答题情况，这些数据既可以作为课堂教学分析的数据呈现，也可以作为每名学生的学习记录保存下来，便于随时查询，学生也可以据此调整自己的学习情况，有利于学生学习素养的提升。因此，基于“互联网+”的新型品德课堂需要学校、教师选择合适的智慧云平台辅助教学的有效开展。

（二）实施有效的多方培训

基于“互联网+”的新型品德课堂顺利开展，需要开展多方培训。

1. 教师培训：注重理念更新和技术实践

教师是教学的设计者、实施者，是学生学习的引领者、陪伴者，因此教师的培训至关重要。第一，要引领教师充分认识品德学科的特点。品德是一门具有开放性、综合性的课程，需要不断拓展教学空间，开发教学资源。认识当下“互联网+”教育的特点，认识到现代云技术给教育带来的契机，给当下的品德课堂带来的生机与活力。要引导教师从传统教学的固有思维中走出来，用开放而现代的眼光看待新事物，接受新事物。第二，要指导教师不断学习新技术，如各种教育平台、App，学会教学信息的采集、汇总、分析，学会“智慧教室”内各种设备的使用等。第三，针对品德学科特点，结合已有的素材资源，开展教学前研究。教师从试验年级的教材出发，结合学生当下的学习能力与已有的生活经验，挖掘适合开展新型课堂学习的内容，制订逐步推进研究的计划。在这一思维碰撞的过程中，教师都形成一个共识：iPad 是开展品德新型教学的工具，它辅助教学，促进学生社会性的发展，促进学生素养的形成与提升，但它不是唯一工具，基于“互联网+”的学习也不是唯一的学习方式，在新型课堂与传统课堂的比较中，选择最适合的方式很重要，选择最适合的教学内容也非常重要。教学共识的形成对于新型课堂教学研究起着事半功倍的效果。

2. 学生培训：注重熟练操作与使用规范

作为学习的主体，学生的培训自然是不可忽视的。因此，学校利用校内课程，由信息技术老师进行专门的培训：申请 QQ 并熟练使用；学习拍照，并学会上传分享；学会上网，利用搜索引擎搜索自己需要的信息；学习下载文字、图片等；学习制作 Keynote；学习将自己 iPad±的内容分享到小组屏、教室大屏……逐项学习、逐项过关，直至每一名学生都灵活掌握，这可以说是一项巨大的工程。

另一项持久而困难的工程是学生使用 iPad 行为的规范。使用 iPad 上课，对于每一个小学生来说都是新奇的，于是有的学生课堂上就会不听指挥，其余学生在分享交流的时候，他还沉浸在自己的世界中，不能跟上班级学习的节奏。因此，学校制订了严格的使用规范，如老师没有通知带设备，就不能将设备带到学校；未到需要使用的时间，不得将iPad拿出使用（学生将设备带来后，都放在专属于自己的储物小柜中）；课上按照要求学习，不浏览不良网站；课后不随意玩游戏等。这一系列的规定，加上家、校的通力合作，逐渐将学生带入正轨，大大减少课堂上不规范使用iPad的情况，提高课堂效率。

3. 家长培训：注重意识的转变和指导能力的提升

当今社会虽然提倡素质教育，注重学生全面能力的培养，但对于绝大多数家长来说还是“分数至上”。如何转变家长的传统理念，让家长接受这种新型的学习方式，并能与学校形成合力，共同培养学生的素养，是一个不可回避的重要问题，也需要一个具体的、渐进的过程。让家长逐步认识到这是一种在全球蓬勃发展的学习方式，要放眼未来，用长远的目光看待学生的学习；引导家长认识到新型的课堂教学方式将进一步提升学生的学习素养，促进学生信息素养的提高，有助于学生开展自主合作探究的学习。此外，学校也需要对家长进行技术方面的指导与培训，使他们能熟练掌握各种平台、App的使用，当学生在学习中出现问题时，能够提供及时、恰当的帮助。

（三）逐步深入的课堂研究

实践是检验真理的唯一标准。对于教育研究来说，一切理念、一切准备都只有到课堂中去实践，才会得到验证，才会发现问题，从而不断改进教学方案，以达到提升学生核心素养的目的。而这个过程需要教师有足够的耐心，切忌急功近利、操之过急。因为教育对象毕竟是小学生，他们接触新事物需要一个过程，熟练使用、创新使用更需要一个不断实践的过程。

“互联网+”背景下的新型品德课堂必须“软硬兼施”，既要有稳定、安全的硬件保证，又要重视教师、家长、学生的理念转变、技术跟进，更需要教师根据学生的身心特点、学习能力，有计划地在学科教学中逐步深入研究。

第三节 “互联网+”背景下新型课堂的设计

“互联网+”背景下的新型课堂是“虚拟课堂”与“现实课堂”的结合，它将网络知识与课堂知识深度融合来创造新的知识，启迪学生智慧，同时也是信息化、数字化与传统课堂相互融合的现代化课堂。关注学会学习核心素养，我们发现，“互联网+”背景下游戏化体验学习、创客式自主学习、基于信息环境的协作式任务解决等新型学习形态层出不穷。新型品德课堂设计应当从培养学生学会学习、健康生活等核心素养的角度出发，既要遵循传统课堂教学设计的基本原则，又要凸显其独特的优势。

新型课堂设计要确立从品德学科的课程性质出发的理念。品德课程标准中指出：品德与社会课程是在小学中、高年级开设的一门以学生生活为基础、以学生良好品德的形成为核心，促进学生社会性发展的综合课程。因此，不管是教学目标的确立，还是活动过程的设计，都应该紧紧围绕品德课程的性质，从学生已有的生活经验及当下的生活现状出发，考虑学生目前的学习能力及状态，注重生活性、实践性和开放性的统一，以培养学生良好的道德品格和人文底蕴。

新型课堂要注重教学环境和学习工具的设计。传统课堂教学虽然采用了信息技术，但多是“望屏解读”的方式。而新型课堂强化学生学习态度、学习方法等核心素养的培养，借助“互联网+”，使师生、生生之间的沟通更加立体化，交流互动更加及时、无障碍。学习过程中随时、按需推送学习资源，实现了课堂教学的智能化。因此，新型课堂对教学环境的要求与依赖度更高，设计时必须考虑“智慧教室”的布置，以保障学习的顺利开展。在学习中，选择合适的教学平台、采用恰当的应用、推送必要的学习资源等，都需要提前做好准备。活动开展过程中，学生学习用具何时用、怎么用，更需要精心设计。

新型课堂要注重全时空、全方位设计。传统的课堂设计将目光定位于一堂课上，而在基于“互联网+”的新型课堂中，课堂边界模糊化，学习活动早已超越了40分钟的标配。因此，课堂设计要注意拓展教学时空，实行全时空、全方位设计。课前，可以开展前测活动，了解学生在所要学习的知识方面是怎样的情况；还可以利用“互联网+”大数据资源的自主学习，让学生带着基础、带着问题进入课堂，逐步培养学生自主发展的核心素养。课堂上，开展师生、生生、生本等多元互动式学习；课后，充分发挥主观能动性，继续深化学习，积极自主学习和探索，也可以设计学习后测，了解学生课堂学习的具体情况，以便于教师针对每名学生的具体情况进行有针对性的指导。

“互联网+”的品德新型课堂设计因其大数据、云计算、移动互联等背景，比传统的品德课堂设计更有优势。

一、“互联网+”背景下新型课堂的设计优势

（一）活动设计更凸显综合性和新颖性

品德学科是一门综合性课程，课堂设计往往是以板块活动的方式推进的，在一个接一

个的活动中加深学生的体验，以提高学生对生活的认识。但囿于传统课堂的教学时间和空间的封闭化，许多本该由学生来完成的活动往往会由教师替代或者直接省略，教学内容也容易单一化、陈旧化。而依托“互联网+”的新型课堂，使学生能够打破壁垒的束缚，走出教室、走出学校、走向社会，接触更多最前沿的信息。在采访，调查，搜索、整理信息，拍摄微视频等各种综合化的实践性活动中，运用最新颖、时尚的方式学习、沟通，有利于培养学生独立自主、协作创新的能力，提升学生的学习素养，同时也于无痕中锻炼学生与人交往的能力，这是新时代人才不可或缺的核心素养。

随着学生越来越频繁地接触网络，微视频这种形式早已进入学生的视野。有机会，自己尝试拍摄，既是挑战，也是时尚，学生何乐而不为呢？“选一写一拍一做”，调动了学生多方面的知识与能力，真正做到了综合性与新颖性的融合与统一。

在这个过程中，首先学生学会从生活中发现问题，相互协作，探究解决问题的方法。学生在具体的实践活动中，自身的道德认识、道德判断及行为选择能力也在活动中得到了进一步的提升。其次，学生的信息素养、学习能力、协作能力等核心素养都在无形中得到提升。从知到行，知行统一，符合课程标准中提出的“课程的设计与实施注重联系学生的生活实际，引导学生在实践中发现和提出问题，在亲身参与的丰富多样的社会活动中，逐步形成探究意识和创新精神”的要求。

（二）学习过程更凸显个性化与人情味

学科发展核心素养以培养“全面发展的人”为核心，着眼于培养学生能适应未来发展的综合能力和未来生活必需的品格与能力。品德与社会课程“旨在培养学生的良好品德，促进学生的社会性发展，为学生认识社会、参与社会、适应社会，成为具有爱心、责任心、具有良好行为习惯和个性品质的公民奠定基础”。由此可见，两者发展目标是一致的，都强调从学生发展的现实性和可能性出发，以学生现有的生活为原点，目标是让学生能更好地适应生活、创造生活，促进社会性的发展。基于此，品德新型课堂设计更应以人为本，注重每一名学生的内心独白与独特体验，凸显课程浓浓的人情味。

网络信息浩如烟海，“互联网+”背景下的品德课堂赋予学生更多选择的机会和权利，学生完全可以依照自己原有的知识体系、学习习惯与学习能力选择适合自己的学习方式，随时调整学习进程，建构起属于自己的知识库，实现知识的自主管理。

品德与社会课程标准提出了“通过创设多样化情境，丰富和提升学生的生活经验”的教学建议。据此，教师创设了家庭暑期旅游的情境，引导学生借助“互联网+”，根据自己的家庭情况规划出行方案。对于四年级下学期的学生来说，这样的任务驱动有一定的难度，但努力“跳一跳”是完全能够实现的。学生在完成学习任务时全情投入，灵活运用各种软件查询自己需要的信息：选用百度地图、高德地图等，计算两地之间的距离，了解具体的行车路线；通过12306、携程旅游、途牛旅游等应用，了解往返的车票、机票信息，计算所需费用。最难能可贵的是课堂散发着新型课程独有的人情味。每一个家庭的经济状况不同、喜好不同，选择的出行方式自然会有差异，而这种差异只有学生自己才有深刻的体会。品德课程尊重每一名学生的独特体验，注重引导学生从自己的世界出发，用自己的眼睛观察社会，用自己的心灵感受社会，用自己的方式探究社会。学生在借助互联网获取信息的同时，能够根据自己家的实际情况，选择最适合的出行方式，这是学生社会参与能力提升的具体表现。每名学生选择完成任务的方式各有不同，应用程序的灵活组合，几种出行方案全面比较，甚至还有学生利用QQ和家长取得联系，咨询相关问题。学生的自主学习与外联互动学习贯穿于整个活动，在自主学习的认知过程中有效地融入个人对生活的理解、对社会的认识，使课堂更加个性化、更有人情味。

（三）技术使用更凸显科学性和交互性

新型品德课堂设计会在传统课堂设计的基础上，科学而恰当地运用数字化技术。但是技术不是为用而用，它是为了寻求一种更好的教学效果，促进学生学习素养的提升和品格的形成而用，是一种科学的、系统的、有计划的运用，其根本目的是服务于学生的学习，服务于学生道德素养的形成和发展。技术的使用也越来越体现出“互联网+”课堂的交互性，师生、生生之间的交互，师生与网络之间的交互，更具灵活性，更加多元化。同时，良好的交互性还利于课堂教学的生成，如“书到用时方恨少”时灵活地调用资源；利用即时反馈技术，掌握教学目标的达成情况，并做出相应的调整，促进学生的深入理解；及时保存教学中产生的再生性资源；等等。

（四）评价设计更凸显多元化和开放性

基于“互联网+”的评价设计，首先要便于多方人员参与评价，教师、家长、学生及其他人员都可以借助移动互联、社交平台或一些优质的教学平台，参与学生的活动评价。如前文涉及的“设计班徽”的活动。课后，教师在收到学生作品后，将学生的优秀作品制作成调查问卷，除了本班学生，还将链接发送至家长QQ群，邀请家长参与，并通过微信等渠道发布，邀请更多的人参与进来。这样的活动对学生来说是新奇的，但也是很有激励作用的。

其次，依托大数据、云计算、优质的教学平台等，评价的形态也要多元化：既要便于统计的量化评价，也要有具体呈现的质性评价；既要有对学生活动结果的评价，也要有记录学生活动的过程性评价。借助数据及分析，教师可以更清晰地了解学生活动的轨迹，如学生在学习过程中主动参与和完成学习任务的态度，在学习中收集、整理、分析资料的能力和方法等，便于教师开展有针对性的学习指导。再次，基于“互联网+”的评价设计要能及时反馈给学生，并对评价结果做出合理的解释。开放又多元的评价方式，有利于学生准确了解自己学习的真实状况，便于开展自我反思，随时调整自己的学习计划。

创新是人类进步的不竭动力。教育信息化的蓬勃发展给教育带来了无限创新的可能。但是核心素养视域下的“互联网+”新型课堂才刚刚诞生，许多经验正在摸索中，有待更多的实践进行检验。作为一线教学工作者，教师更应该适应时代发展的要求，积极探索新型的课堂教学新方式，更好地促进学生核心素养的发展。

二、互联网在小学道德与法治教学中的融合策略

（一）情境创设教学

互联网在小学道德与法治教学中的融合，可以采用多种方式最大限度发挥其作用。教师需结合学科特点，借助网络教学的优势，促进学生参与课堂，调动其积极性与主观能动性，真正实现教学质量的提升。情境教学法是经过无数次实践与考验的优秀教学方法，教师在创设情境时应考虑到学生的实际情况，选取一些贴近小学生生活的内容作为教学素材，拉近小学生与课堂的距离。这样一来，小学生会更容易进入学习状态，充分理解教学内容，获得良好的学习体验。教师可以引导学生多多思考，让学生用所学知识去解决现实生活中的问题，让学生在这学科获得更多的成就感。在实际课堂上，教师可以利用互联网设备播放图片视频等，让学生在良好的教学情境中加深对知识点的理解。

（二）教学引导实践

在小学道德与法治课堂上，不仅要求学生掌握基本的理论知识，更是要求学生将所学知识能够应用于生活上，从思想和思维上感受到道德与法治相关内容的影响。教师也应以此为目标有意识地引导学生，让学生在实践中灵活应用相关知识点。教师引导学生在日常生活中的实践，应将理论联合实际，对学生适当加以鼓励，通过多媒体设备或者互联网教学平台引用一些实例，让学生能够拥有实践的平台。与此同时，教师也可以联系生活，引导学生通过自己的生活经验，理解学习道德与法治相关知识点。这样一来，学生就可以全面地理解道德与法治课程，也会更期待新的道德与法治知识。教师在引导学生学习关爱家

人与伙伴相关内容时，可以先利用网络搜索相关的事例，并在学生观看的时候适当提示，让学生从具体的实例中对教学内容有初步的了解，逐渐形成关爱他人的思想。教师也可以选取一些时效性强的事例，让学生在课堂上深入体会其中的意义。

（三）加强内容解读

在小学道德与法治课堂上，教师会教授给学生覆盖多个领域、涉及多种类型的知识点，具有一定的逻辑性、抽象性。而小学生年纪较小，在思维方面更偏于形象直观，在学习道德与法治相关知识点时会感觉到些许难度。在这样的情况下，教师应有针对性地引导学生学习不同层次的知识点，掌握好相关重难点，让学生能够深入地进行学习，提高课堂质量。教师在教学过程中应根据教学内容的不同，在互联网上搜集选取不同的案例，引导学生讨论分析。这样一来，学生能够深入理解所学知识，逐步树立正确的价值观念。教师在带领学生学习“我们生活的地球”的内容时，可以根据所要讲解的内容，在网络上搜集相关资料，由此引导学生学习理解道德与法治知识。譬如，利用多媒体设备向学生播放探月计划有关视频，和学生一起观看太空画面。学生不仅可以从中感受到大自然的神奇之处，也可以拓宽视野，激发国家自信心与民族自豪感，真正热爱我们所居住的星球。课堂效果由此得到提升，学生也会积极地学习课堂知识点，并加深理解。

（四）应用微课教学

而在传统教学模式中，教师一般只会应用自己手中的教材，能不能拓展知识则依赖于教师自己的意识与知识储备量。对于学生而言，他们也是照着课本进行学习，具有很大的局限性，无法学到更多的知识。基于此，教师可以应用微课教学，通过播放一系列短视频吸引学生的注意力，让学生学习到更丰富的内容，也能够促进学生对道德与法治知识的理解。这样一来，静态的知识转为动态的视频，形象生动，能够提升课堂氛围，获得良好的教学效果。

（五）拓展教学资源

在以往的教学模式中，教师多采用照本宣科的方式进行课堂教学，但是教材中的很多知识理论性极强，无法激发学生学习兴趣。为了充分调动学生的学习积极性和主动性，教师可以在实际教学中收集多种教学资源，丰富课堂内容。教师还可以利用互联网平台，查阅选取合适的教学资料，增加学生的学习热情，开拓学生的学习视野，满足学生的学习需求。与此同时，教师在拓展教学资源时也应充分考虑到资源、教学、学生之间的契合性，可以引入与学生学习生活相关的元素来吸引学生目光，尽最大可能发挥互联网资源的优势。例如，教师在带领学生学习如何维护集体荣誉时，就可以通过互联网搜索相关案例，在课堂上选取合适的素材分享给学生，培养学生的团结精神与集体精神。

（六）探索评价模式

评价是为了促进学生的全面发展，提升学生的综合素养。在评价的过程中，教师要做到评价方式的多元化，让社会、家长、学生都参与进来。评价内容也要丰富多样，应包括学生的整体素质、特长发展、学业表现、自我认识等。建设学生评价网络平台，全程监督，对所有学生进行全面的记录、评价，避免出现疏漏。与此同时，应以学校规章制度、规范要求为基准建设评价网站，引入家长评价、教师评价、学生互评、学生自评等功能，使评价体系更加多元化。教育与评价无缝衔接，促使学生获得全面发展。这样一来，教师与学生之间进行道德与法治知识互动的范围和空间更加广阔，教育的功能进一步得到提升，其实效性、吸引力也得到了进一步的发展。

（七）促进自主学习

随着社会经济与信息科技的高速发展，学生的学习环境、获取新的知识途径已经产生了极大的变化。培养学生的自主学习能力已经成为必然趋势。这样一来，学生才可以适应变化多端的信息化学习环境，教师也能发挥互联网教学的积极作用，通过培养学生的思考能力与自主学习能力，发展学生的学习能力，丰富学生的学习资源，从而提高学生的学习效率与学习质量。在引入互联网的过程中，教师需科学合理地应用互联网工具辅助学生、支持学生，促进其自主学习。例如，教师可以向学生布置学习任务，挖掘学生在完成学习任务过程中遇到的重难点，让学生将其整合在一起，利用课堂时间进行重点讲解。教师也可交由学生讨论，展开小组学习，寻找方法突破学习中的难点，让学生在线上线下实现自主学习，教师也可以制作学习视频，让学生自行观看，记录自己的困惑，并用自己的方式解决困惑，实在解决不了的可以交由教师进行讲解。在这样的模式下，学生就可以形成良好的自主学习习惯。

互联网在小学道德与法治教学中的融合，是道德与法治教学的一次新的尝试，取得了良好的教学效果。但是，教师不能掉以轻心，应不断创新和优化教学方式，引导学生合理地利用网络，进而让学生获得良好的学习体验，提升自身的综合素养。

第六章　小学道德与法治的生态化及情景化

第一节　小学道德与法治的生态化

一、核心内涵的界定

（一）生态课堂

课堂就是师生进步与发展的主要平台，是大众文化与文明传播的渠道。随着教育生态化的深入，生态课堂也应运而生，它不是生态与课堂的简单叠加，它的中心词是课堂。生态课堂指的是生态化的课堂，教学生态主体（教师、学生）、教学信息（教学内容、教学方法）、教学环境等作为生态因子，共同组成了教学的生态系统。在课堂教学中的师生、教学内容、教学方法、教学环境、教学设计等都要遵循教育生态学的基本规律，构建一种民主、平等、开放、健康的教学氛围，用生态思想发现、解决教学中存在的问题，避免教学领域的生态危机。它在师生的交流、探索和互动中，促进小学师生认知的发展和潜能的开发，技能的养成和情感、态度与价值观的发展，促进教学相长，师生身体和心灵的和谐，从而提升整个课堂的教学效益。简言之，生态课堂就是在教育生态学观点的引导下，将生态理论与角度当作重点进行分析、查看、探究的课堂教学，分析课堂生态因子之间彼此影响的内在关系，完成教师、学生和课堂氛围三者间的共生和长久发展。

传统教学是以课堂教学为中心的，采用班级授课制，成规模地开展教学活动，对提高教学效率起到了非常重要的作用。但随着时代的发展，暴露出越来越多的问题，如重视知识的传授和记忆性的学习，忽视了探究发现和质疑精神的培养；采用单向的信息传递方式，以教定学、学生被动学习，缺少教学信息的双向交流；教学评价方式单一，注重结果的终结性评价，忽视形成性评价；轻视情感态度与价值观目标的达成，课堂教育急功近利。这样的课堂关注更多的是师生眼前的利益，不利于学生的长远发展，阻碍了素质教育的发展。

生态课堂与传统课堂不是相互对立的，而应该是在传承传统课堂教学优点的基础上，尊重教学规律和学生身心发展规律，使用生态学观点和贯彻科学发展观，重视学生的长远利益，更好地实现课堂生态系统的育人功能。

（二）小学道德与法治生态课堂

小学道德与法治课生态课堂是基于课程标准的基础上，融入生态学和教育心理学的相关理念，创新发展的课堂教学理念。小学道德与法治课生态课堂秉承人本主义的道德要求，贯彻落实社会主义核心价值观的精神要义，以可持续发展为培养目标，以道德、心理健康、法律、国情为主要培养内容，旨在采用生态的教学思想，促进小学生道德品质、健康心理、法律意识和公民意识的进一步发展，形成乐观向上的生活态度，逐步树立正确的世界观、人生观、价值观。

小学道德与法治课生态课堂是生态课堂在小学道德与法治课中实践运用的产物，是一个完整的生态系统，由参与课堂活动的主体、课堂物质环境、课堂精神环境共同组成，在这一系统中教师和学生作为课堂活动的主体，共同构成了两个自然的生态群体。教师是课堂的引导者，学生是课堂的主体，两者既相互制约又相互作用，共同构建和谐统一的课堂教学环境。小学道德与法治生态课堂相比传统的生态课堂更具有学科特色，这不仅是简单的传道授业解惑，更是以学生为主体，教师为引导，共筑精神世界的过程。小学道德与法治生态课堂的课程核心是培养学生积极健康的生活态度，引导学生做一个负责任的好公民。小学生正处于心理健康发展的关键时期，他们对道德与法治的认知也不是一蹴而就的，是在对生活的体验和实践中逐渐积累而成的，因此在小学道德与法治课上构建生态课堂，不仅需要关注课堂主体、课堂教学环境，拿捏课堂教学过程中的方法技巧，更需要关注道德与法治教育的学科特色，以坚持正确价值观念的引导与学生独立思考相结合为基本的课程原则，加强课程的实践性，促进课本知识与生活实践感知相结合，真正做到发展为了学生。

二、小学道德与法治生态课堂的建构策略

小学道德与法治生态课堂把生态主体、课堂生态环境及教学过程看作完整的生态系统，目的就是为了实现各生态因子的生态互动，从而使课堂效果达到最佳。但是在实际的教学中我们不难发现，生态课堂的实施效果不佳，存在诸多问题，而主要的问题也集中表现在这三个生态因子的失衡上。基于此，小学道德与法治生态课堂的优化策略也应该从这三方面着手。

（一）渗透生态教育理念，奠定优质课堂根基

生态教育视角下优质课堂的构建必须具有正确的生态教育理念指导，然后采取各类具体的促成优质课堂构建的策略。究其原因，随着经济科技的飞速发展，科学知识占领了教学领域，完全使教学建立在科学世界观基础上，更多关注的是学生科学知识的掌握和科技技能的培养，部分学校日趋注重学生创新意识培养和综合能力发展也是为了使学生适应社会变化，课程设置几近忽略学生的生活经验，人文精神传播与发展一度失落。教师总是不断鼓励学生“好好学习，力争高分，冲进名校，挤进名企，跻身上流社会”，学生便朝着这条路迈进，其结果是：造成学生归属感的丧失、个性缺失和创造精神的匮乏。因此，为了解决当前教育生态不平衡问题，必须把教育置于生态系统中，探寻教育新生态，营建协调发展的学校教育有机整体。

生态教育的主要任务是构建教育环境的协调与平衡，重视整体环境对学生成长的影响。教师要做的不是让学生一味地适应社会大环境，而是要更注重学生自身内部环境的持续发展。因而，教师应尊重学生的生活和发展的内在要求，顺其自然、因势利导，回归教育本位功能。具体来说，每一个孩子的天赋是迥异的，教师对学生在没有充分观察和了解的基础上，不可妄加影响，改变学生。而教师要做的是耐下心来，让他自由成长，直到发现适合他的方法和目标。在这一过程中，教师如果想培养学生对学习的兴趣，最好的办法不是对他说，而是教师自己先做起来，成为示范者，用自己对教学的钻研精神感染学生。

生态教育倡导“去中心”，即不以教师或学生任何事物为中心，以系统性、开放性为基本原则，树立大课程理念，兼顾显性课程与隐性课程，形成一个动态的、成长的课程生态系统。比如，关于小学道德与法治教学，教师可利用教材中的活动课让学生参与社会，感知社会万象，将课堂向社会延伸。教师可以带学生参观科技工业园，使学生感受科技创新的魅力；志愿服务养老院，聆听老者的慧言，感受生命的珍贵。回校后，教师组织学生讨论调查结果并分享。教师在活动中充当合作伙伴的角色，通过各种路径建立多元中心，实现教师、学生、环境等各系统要素协调发展。因此，教育者必须领悟生态教育的理念，指导自己建构优质课堂。

（二）提升教学综合水平，塑造教师多重角色

课堂教学是学校课程实施的主渠道。课堂改变了，学校教育才会改变；课堂优质，学生才会优质；课堂创新，学生才会创新；课堂进步，教师才会成长。因此，构建生态教育视角下的优质课堂必须提升教学综合水平，塑造教师多重角色。教师要实现优质的课堂教

学，不单要有正确的教学理念，在教学过程中必须有明确的教学目标、合理的教学内容、多样的教学方法、延伸的课堂活动和科学的教学评价。具体来说，教师可以通过以下三个途径，提升综合教学水平：

第一，加强理论学习，提高育人效果。教师课堂教学水平的高低取决于长期的实践锻炼和科学理论的指导。理论分为基础理论和应用理论。一线教师不仅要提高基础理论水平，还要研究和发展当前教育教学改革理论的应用。换言之，基础理论的掌握是教师上好课的前提和基础，应用理论则为教育规划与发展提供了科学依据，指导一线教师紧跟时代与学生发展需要，提高教育教学水平。所以，教师加强教育理论的学习与修养，其意义也是显而易见的。

第二，潜心备课工作，运筹教学方略。备课是整个课堂教学工作的起点，是上好课的前提，是提高教学质量的保证。假如上课是一场战役，那么备课就是战斗前的周密部署。一线教师最烦恼的是如何找到思路，如何突破难点，如何把握重点，如何安排组织可以使整堂课连贯、顺畅、完整。教师要深入探究教材和教学方法，掌握单元学习要求，找准重点和难点，挖掘各环节的内在联系，收集相关信息作为课外补充，构造上课思路。同时，经常请教有经验的教师，形成教师共同体。

第三，启动教育机制，提高适应性。课堂教学中应对突发状况的能力反映了教师教育机制的高低，是衡量教师课堂教学水平的一项重要指标。假如教师不能高效地处理好偶然事件，不仅会造成课堂秩序的混乱，还会为课堂教学的长远发展埋下“祸根”。面对突如其来的状况，教师最重要的素质就是沉着冷静，开启教育机制，立足于学生发展，巧妙地处理这些事件。教育机制作为沟通教育理论与教育实践的桥梁，在教育教学过程中发挥着催化剂的作用，有助于推进教育教学的顺利开展，并产生良好的教学效果。但它绝不是武断的，其背后有深刻的理论支撑。如果教师没有一定的理论知识，便不能理解学生和教育的本质，就不能发展教育机制。可是教师只掌握理论知识，缺乏实践经验，其理论运用仍是低效的。

除了以上提到的提高整体教学水平的方法外，还有很多方法和途径，最终路径的选择取决于教师的素质和学情。针对教学实施过程中教师扮演的角色，最重要的是扮演好以下三重角色：

1. 教师成为课程资源的开发者

课程资源是课程的前提，没有课程资源就没有课程。任何课程改革的推进必须有课程资源的支持。校内课程资源是学校课程资源建设的基础，是学校课程实施的保证，教材是最基本的课程资源，教师要充分重视对教材的理解，充分发挥其在教学中的作用，而且要识别、捕捉、积累、利用和开发生成性课程资源，如学生的经验、感受和意见等。与此同时，教师要在校内外支持，积极开发多姿多彩的校外课程资源，建立校内外课程资源的协调和共享机制。例如，在“我爱家乡山和水”的教学中，教师为了让学生增进对家乡的了解和热爱，培养高雅的生活情趣，开展了以“家乡文化”为主题的社会实践活动。此次活动过程如下：第一，让学生观看有关家乡旅游的特别报告及图片资料。第二，教师组织学生进行实地参观、调查。第三，参观调查后，小组内部交流讨论，每人写出自己的体会和想法。第四，教师组织学生进行活动的汇报和交流，展示小组针对家乡旅游的创新方案或建设性的建议。第五，教师与学生一起评价作品，进行小范围展示。第六，教师提供反思性问卷，学生回味活动和经历的过程。本社会实践活动以本地丰富的名胜古迹为主要研究对象，有学校的支持和社会的帮助。选题针对性很强，紧密结合学校当地的课程资源，易于操作和实践，非常值得教师们学习。

另外，教师要开发和利用好乡土资源。一般来说，教师对校内外情况均有所了解。那么，在建设优质课堂时，教师可以充分利用这一点，紧密结合乡土资源、学生生活经验，引导学生将书本知识转化为实践能力或教师联合打造适合本校实际的校本课程。

2. 教师成为学生学习的促进者

美国教育家克莱德曾说：“教育面对的是沉甸甸的生命和灵魂，它需要教育者寻找一种神奇的力量，使他们唤醒自己，也唤醒他们接触的人。”也就是说，教师的真正使命就是用自身的力量去唤醒学生沉睡的灵魂，实现途径就是促进学生学习，成为学生灵魂的“摆渡人”。

大数据时代的今天，对教师知识和能力的要求越来越高，但很多方面教师的知识储备不一定比学生多。学生在日常生活中经常能够接触或掌握一些教师没有接触到的新信息或教师没有仔细去钻研的信息，而教师之所以称为教师，不在于其是否掌握了多少多于学生的事物，而在于其自身丰富的阅历和经验，成熟的思维方式，以及能够“教之以事而喻诸德也”。教师需要不断地学习，俯下身来向学生学习也不失为良策。教师不必忧虑在学生面前暴露自己的不足，破坏自己“无所不知”的形象；相反，这也许是师生共同进步的一个契机。在学生心目中，教师常常是遥不可及的，教师无意识或偶尔有意识地暴露自己的无知，请求学生的“指导”，走下“神坛”，拉近与学生之间的距离，才能与学生建构和谐关系，促使学生愿意主动地承担起学习责任。

教师作为促进者，要尽可能激发学生探究新知、解决问题的兴趣，给他们心理上的成全和精神上的鼓舞，使师生在优质课堂的土壤中不断发展成为一个多样、丰富、充满生机活力的生态群体，并不断地获得发展和提高。

3. 教师与学生成为平等的对话者

教师与学生成为平等对话者的前提是教师是否对“对话”有个清醒的认识。教师只是把对话作为一种教学工具，可以控制教学的方法，或者把对话本身作为学习目标，或者两者兼有，不同的选择将决定对话的发展水平和质量。目前，大多数教师对这一问题的看法还停留在前两者上，如若能够做到第三者的境界，那么课堂改革将会更进一步。

教师要想成为能对话的教师，不仅要掌握对话的基本技能与艺术，更重要的是培育和养成对话的态度。具体来说，首先，教师要学会倾听。教师要耐心地听学生讲话，不打断他们的发言，不对他们发言随意地下结论。不管学生所说的内容是好是坏，教师都要让学生感受到教师在认真地听自己讲。其次，教师要自主反思。教师要想很好地与学生对话，必须要经常与自己对话，问自己：教学设计和教学活动是否符合对话的要求；是否体现出学生的平等、合作；学生是否感兴趣，从中获得了怎样的收益等等。最后，教师应为对话教学创造良好的外部条件。教师要真正关爱学生，给予学生人性的关怀，保证每个学生享受到平等的受教育的机会，并建立一种民主、和谐的师生关系，实现教学相长。

对于社会人文类，甚至是自然科学类的课堂，往往创新的想法或难题的攻克就是在平等的对话中不经意间碰撞出来的。强调教师与学生的对话，并不要求对话次数的多与少，而是师生之间能有对话的意愿，能够坚持对话之心，做到心与心的沟通，一起探寻真理。

（三）培养学生研究者，增加学生投入

一个民主的、不拘一格的，但有理有节的课堂可以成为教师和学生创造和重建知识的场所。学生不是知识的储存器，不是教材的复印机，不是考试的奴隶，他们真正要学习的是一种学习能力，一种新的认识学习方式，即寻求教师对他们探索世界的支持，并开始分析经验和重构意义，不断地生成新知识。因此，有研究者认为，促使学生成为研究者应该重点考虑以下三个条件：具有研究意识和研究能力的教师；实施有利于研究性学习的教学策略；创设良好的教学氛围。有学者认为，在培养学生成为研究者的前提是增加他们的投入。究其原因，无论在教学中教师提供怎样的支持帮助，多么高效的策略，如果学生毫无情感投入而不愿意学，毫无认知投入而不愿意做，那么一切都为零。

1. 学生情感投入是前提

学生高效学习的前提是学生愿意学习、爱学习、想学习，即学生情感投入强烈。这似乎是一个通俗易懂的道理，但是真正实现起来非常难。除去偶然因素，学生情感投入的培养应该从小积累，即家长担负起学生未入学前的培养；入学后，学校、教师担负起学生的情感投入培养，正如大教育家洛克所比喻的：“孩子都是白板。”针对入学段的培养，可以

从两个方面入手：第一，教师了解学生，寻求学生学习动力，引导并激励学生增加情感投入。譬如，有部分家庭经济贫困的学生，他们非常爱自己的父母，想要为父母减轻家庭负担，教师可以据此鼓励学生好好学习，用知识改变命运。这是一种间接转化方式，在这部分学生中很多随着年级的升高，会发现除去为家庭改变命运学习，他们已经不知不觉将学习融入自己的骨髓中，由衷地喜欢学习。第二，教师从学生真正的生活经验中熟悉的事物入手，激起他们的兴趣，引发共鸣，产生探究的欲望。例如，小学道德与法治中关于家乡变化、科学技术发展等主题与当今青少年学生比较有距离感，教师必须花心思精心设计教学，建立所要学习的知识与学生之间的情感链接。与此同时，教师可以与家长、学校携手，组织学生走出课堂，走进社会，走向生活，用心体验，抒发自己的情感。

2. 学生认知投入是基础

认知投入是一种内隐的学习产物，存在于个体心中，反映了人类认知的规律。所以，不可能直观地呈现给学生。因而，教师可在教学过程中加强学生的认知投入。作为学习活动的中心，学生必须是整个教学的目标。通过发掘学生在课堂的能力，提供学生的发展方向，开发学生的潜能等，我们才能总结出学生作为能动的知识体与生命体的特殊所在。教师鼓励学生应用现代工具，获取知识信息的导入，让学生们能够在教学活动中自助地去寻找适应的教学方法、教学策略等，通过替代思维模式、与他人团队协作的方式来表达自己的思想。学生对于知识的投入，体现在能否培养出具有批判性思维、创造性思维和综合性思维的检测中，能够对自我的学习水平完全掌控，找出自我在学习中遇见的学习障碍和自我客观评价，是让学生成为学习的领导者，是主动进行自我引导和控制的认知活动和体验。通过多元的文化认知，让学生在自己的学习过程和结果中都能对自己的思维有良好的认知和控制，能够掌握个体对于自我意识的塑造和价值观发展水平的提升。自我反省、构建内心在心理的投入知识画面，是整个自我认知的表征过程。因此，让学生成为反思的实践者，对自己的学习过程有着极其重要的意义。

3. 学生行为投入是关键

学生行为投入是学生成为研究者的关键，解决学生行为投入的根本在于学生自身。一般情况下，意识对物质具有反作用，当学生对学习有了正确的认知以后，他就会主动投身到学习上。然而，并非所有的学生行为投入都是有效的。对于许多学生来说，学习意味着每天按时上学，坐在教室里听他们不懂的和不感兴趣的东西。他们每天就是听和完成作业，努力记住庞杂、零碎的知识并练习枯燥的题目，他们看似在进行行为投入，但却是“伪投入”。因此，教师先要学会鉴别学习行为投入的真伪。不同的研究者认为行为投入包含不同的行为要素，相似观点差异并不大，一般囊括努力、钻研和时间。教师可以根据这三个维度，制定评判学生行为投入的标准。针对“伪投入”或投入行为不高的学生，就需要发挥教师的智慧，具体可以从这五个方面做起：第一，制定规则让学生满足个人的或程序性的需要，不必每次都得到教师的许可。第二，监督学生的作业并与学生交流，以表明你已经注意到他们的进步。第三，确保独立的工作是有趣的，值得做，而且很简单，这样每个学生都可以没有教师的指导也能完成。第四，将时间表写在黑板上，以减少耗时的活动，如发送指令和组织教学。第五，充分利用适合或略高于目前理解水平的资源和活动。

（四）改善课堂环境，营造良好氛围

课堂生态环境是课堂的核心价值理念，它作为课堂行为背后的信念与假设，通过一定的表现方式渗透在各项工作系统之中，每个子系统中又包含若干次级系统，即任何教学活动都是在一定的教学环境中进行的，课堂环境的好坏与优质课堂的成败密切相关。教师将课堂环境分为物质环境和非物质环境，物质环境包括自然因素、空间因素、设施与教具；非物质环境又可分为制度因素、人际关系因素、文化因素、心理因素。

1. 丰富课堂物质环境

课堂物质环境属于班级文化硬件。课堂物质环境是课堂环境基础，具有隐性教育功能。在学校提供满足课堂教学物质条件的基础上，教师要充分发挥学生的主体作用。班级是学生的班级，学生每天在班级里朝夕相处，班主任应引导全班同学为班级环境建设出谋献策并付诸实践。在这一过程中，不仅可以激发他们的创造力、锻炼能力，更主要的是可以改善现有课堂环境，让每一角落都会说话，让每块墙体都成为学生生活的一面镜子。

2. 建设课堂非物质环境

（1）制度因素

课堂制度是课堂效率的保障，是课堂行为规范的总称。它介于有形的课堂物质成分与无形的课堂价值成分之中，实现了观念和物质的合一。它将课堂内各要素、行为连成一个整体，保证课堂效率，制度文化是一种静态的文化，但实际上它却影响着课堂的动态发展。对于制度文化，必须掌握好度，即确保它有效地维持课堂秩序，而又不限制、约束课堂文化的发展，能够起到激励、引领的作用。在构建优质课堂时，教师和学生不仅要遵守学校制定的正规制度，如遵守校纪校规，严格遵守课堂纪律等，还要制定与完善符合本班实际情况的非正规制度，如小组合作评定标准、班级奖惩措施等。相比较正规制度，非正规制度更具体，更有针对性，更易于让学生牢记在心。最重要的是，抓好制度的落实。很多班级课堂制度形同虚设，没有发挥它的功能和作用，因此教师要特别注意这点。

(2) 人际关系因素

教师关系、师生关系和生生关系是学校内部三大关系，受情感、认知和行为影响，影响着教学效果。因而，应加强师生之间的情感交流，建立一种真诚和信任的师生关系，营造一种充满安全感的课堂氛围。

教师与教师之间的关系：教师之间应通过集体备课、教研组听评课、研讨课等举措，互相学习，共同提高，应胸怀开阔、眼界长远，避免不必要的恶性竞争，建立团结奋进、智慧互补型的教师群体。

师生关系：师生关系是课堂人际关系的主线。和谐的师生关系是优质课堂发展的重要条件。因此，教师要注意自身修养，努力提高专业水平。当迈进教室的那一刻起，教师要善于控制自己的情绪，收起所有的负面情绪。尊重每一位学生，不在言语和行为上伤害学生的自尊，给予他们平等的教育机会。上课时，教师应以一种平和的心态与学生对话，忌居高临下、盛气凌人，要建立民主、平等的师生关系。

学生与学生之间的关系：过去，人们总以为学生间的关系是比较单纯的，对这种关系给教学造成的影响也估计不足。然而，事实上，由于家庭环境和学生自身因素造成学生间的人际关系错综复杂。因此，从课堂教学来说，教师不可一味地夸赞或贬损某一位同学，引起学生间的矛盾。而应创造机会，加强学生之间的合作，因为善于合作不仅是当代人必备的品质，还会让学生感受到合作的力量，体会共赢的快乐。

(3) 文化因素

课堂文化是指在课堂教学中，师生共同遵循的价值体系和行为方式，具有潜移默化的作用，使课堂教学充满生机与活力。当前，我国处在社会转型期，社会利益群体呈多元化发展趋势，来自不同家庭背景和拥有不同生活经历的学生，在思维模式、行为模式和价值观方面都有很大差异，无形间造成课堂文化的多元与不和谐的后果。因此，构筑课堂“共同愿景”尤为重要。课堂“共同愿景”不是教师的个人愿景，也不是教师和学生愿景的简单相加，它是在尊重和分享个人意愿的前提下，从心中传递的个人目标、价值观和课堂价值观方向协调的愿景。通过树立“共同愿景”，找准学生共同的目标，激发学生的团队意识、认同感和集体荣誉感，形成和谐文化。

第一，教师要深入学生中间，对课堂现实的文化氛围、精神风貌进行综合考察，重点挖掘课堂中的闪光点，激发学生对课堂的热爱。第二，要了解学生真正需要的是什么，希望处在怎样的课堂之中，尊重学生的想法，包容不同的意见，确实存在不太合理的问题教师要适当引导。同时，充分听取其他任课教师和家长的意见，将各种意愿综合起来，求“最小公约数”。第三，教师将初步的课堂“共同愿景”与学生一起讨论、分析，让他们内心真正接受这份“愿景”，以一种共同宣言的方式表达全体学生的“共同愿景”，形成共同理念。但最重要的是，要引导所有师生愿意参与和分享维护“共同愿景”的任务，让每个人都有使命感和责任感，对自己负责，对学生负责。

（4）心理因素

心理环境是指人脑中对人的一切活动发生影响的环境事实，即对人的心理事件发生实际影响的环境。在我国走上教学工作岗位或就读教育类专业的学生都要学习教育心理学，可见我国已认识到心理学对教育的重要意义。但在实际的操作过程中却存在很多问题，概括起来主要有两点：一是对心理学认知不够透彻；二是不能灵活地运用心理学。鉴于此，构建优质课堂需要从以下两个方面加以改进：

一方面，教师吃透心理学理论，创造民主、平等的教学氛围。首先，教师认真研究心理学理论来源，厘清理论提出的根基，弄清理论为何能够指导教育实践；其次，在课堂教学中，教师应加强师生之间的交流与对话，能够相互接纳、相互宽容与尊重，在接受与自己观点一致的意见、观点、思想和行为的同时，能够包容与自己相左的观点与看法。在这种和谐的环境中，师生之间不同的思想与观点碰撞，就可以创造出新的思想和观点。

另一方面，教师要善于利用心理学知识指导自己的教学和促进学生发展。学生之间截然不同，出现的问题亦是各种各样，那么教师如何对症下药呢？关键是教师要了解学生的心理，并能够运用心理学方法指导学生。比如，对于繁重的教学内容，教师要懂得学生“超限逆反”心理，要做到在有限的45分钟精而少地设置教学内容；对于教学过程中学生做得好的地方进行表扬，要警惕“阿伦森”效应，不能使用一成不变的评价模式，无的放矢，尤其是个别教师误解新课改的理念，不管学生课堂上回答得怎样都会说“好”“不错”；对于自卑胆怯的学生，教师要善于抓住这类学生的闪光点，扩大他内心深处的希望之火，给予他自信。

第二节 小学道德与法治的情境化

在小学德育教育中应用情境教学法，有利于改善德育教育因较强的抽象性，较难融入学生的人生观和价值观的现状，从而影响学生的行为，使学生更好地参与社会生活。

一、情境教学的内涵

情境中的“境”是抽象的、模糊的、不可多见的，是一种思维或者是情感方面的心理感悟，既可以是某种活动的外部环境或要素，也可以是某种活动的气氛或氛围。而情景中的“景”主要是指具体的、实在的、看得见、摸得着的东西。据此可以看出，情景没有情境内涵丰富、意境深远。心理学研究认为，情境是对人有直接刺激作用，有一定生物学意义和社会意义的具体环境，情境在激发人的情感方面有特定的作用。教育学认为，情境是由特定要素构成的有一定意义的氛围或环境。由此得知，“情”是由“境”产生的，人们通过不同的“境”产生不同的情绪和心理体验，只有充分利用“境”，才能得到想要的“情”。

教学情境是一种特殊的环境，教师可以通过各种形式创设这种特殊的环境，这不仅局限于课堂上，也可以在小区、广场等其他相关活动场所灵活运用情境，经过教师精心设置之后，成为学生可以接受的教学情境。从这个层面来看，教学情境更加强调和突出主体性、主动性和参与性，在教学中侧重氛围的营造、情感体验和一定程度的情理交融，以情感为依托，建构受教育者的知识体系。所谓情境教学，即教师在教学过程中，为了达到既定教学目标，通过采取有效手段创设与教学内容相适应的教学环境或氛围，从而引发学生情感体验、启迪学生自主探究、引导学生进行联想与想象的一种教学方式。

在情境教学中，教师把学生带进设置好的教学情境之中，让学生通过自己的观察、发现在现场感受这个典型的场景，通过现场感受的形式，能够促使学生加深对所学知识的理解，从而不断地探索和认识事物。由此可知，情境教学中要营造良好的氛围，只有良好的氛围才能调动学生的情绪，激起学生的情感和学习的欲望，把学生的学习建立在情感体验的基础之上。

从情境教学的特点来看，情境教学活动具有很大的开放性、创造性，情境教学的课堂也是开放的课堂，学生可以在课堂上自由发挥、自主创造；同时非常注重学生的情感体验，在教师创设的教学情境中，让学生在其中感受到教学情境的意境、蕴含的道理等，重构学生的心境，让学生的心境与教学情境相统一；注重全体学生的参与性，教师可以通过创设问题情境、故事情境等，让所有的学生都能参与其中，实现师生互动、生生互动，增强课堂教学的活力、动力，激发学生的学习情感，提升学生的课堂情感体验、生活体验，增强课堂教学效果。

从情境运用方法上看，情境教学多采用导入情境与优化情境等方式。教师要想创设教学情境，需根据课堂教学的需要而创设某种情境，这种教学情境能够形成有助于学生学习的积极因素。这种教学模式注重学生的情感体验与课堂教学的统一，能够很好地帮助学生重构自我的认知，接受符合社会要求的新的认知。此外，导入的教学情境要能够很好地激发学生潜在的学习主动性，引导他们进入情境，在探究知识的过程中激发学习动机。这种导入是新课教学的重要一步，对未知问题设置悬念，促使学生产生求知心理。这种心理往往能够持续地促进课堂的有效教学，把学生的思维与情感顺利地带入教学活动中。优化情境贯穿于整个课堂教学中，在注重情感体验性的同时，更加注重生活化，以学生实际的生活经验来创设教学情境，这在很大程度上激发了学生学习的欲望，增强了课堂教学的效果。

综上可知，情境教学不仅突破了传统教学方式的羁绊，而且也培养了学生正确的学习模式，充分发挥了教学第三媒介的作用，践行新课程标准，打造高效课堂，让课堂教学效果产生质的飞跃。

二、小学道德与法治情境教学的策略

（一）小学道德与法治情境教学实施对策

1. 转变教育教学理念，提升教育教学能力

随着时代的发展、新课改的进行，教师要转变传统的教学观念，不断地提高自身的教学水平，学生也要转变学习观念，彻底摒弃传统的那种死记硬背、片面追求高分数的思想，要追求自身的全面发展，学生跟随着教师的步伐，从传统的被动学习向积极主动的自主学习、合作学习转变，培养新的良好的学习习惯。

（1）提升教师队伍的现代教育素养

教师是学生学习道路上的引路人，学生拥有什么样的学习方法，跟教师的指导有很大的关系。当代要充分发展教师作为引领者的作用，教师自身也应该反思如何引领教育教学的发展，与时俱进，开拓创新，不断钻研，切实提高教学水平。在这关键的过渡期，部分教师就会遇到新课程与传统教学相互抵触，老的教学方法与情境教学方式有很多方面格格不入的问题。

部分老教师拥有丰富的教学经验，能够去其糟粕，取其精华，紧紧地跟上时代的潮流。此时，教师面对时代发展的趋势，也不可一味地照抄照搬，要有的放矢地借鉴，教师不仅仅是教书，更多的时候需要做研究，研究已有的教学成果，在已有的经验中进行反思，摸索出新的、适合发展的教学方法，做一名合格的、称职的教育教学者。有时候，教师也会把握不准主体和主导的关系，在讲课的过程中，让学生失去主体地位，所以教师应该从学生的实际出发，把课堂的主动权交给学生，让其在课堂教学的舞台上尽其所能，发挥应有的创造性，促进其健康成长。

随着时代的发展，社会各方面事业在不断进步，道德与法治教育也在不断地发展与变

革，新的教育思想和教育理念也伴随着新课改应运而生。在这种情况下，尤其是道德与法治教师要顺应时代发展的要求，敢于突破传统教育理念的藩篱，采用适应新理念的情境教学。

中国进入新时代，在新时代的背景下，教师需要不断地提高自身的教育水平，不断地提高自身的专业修养。教师要想提高知识技能和文化水平，就要有一种持之以恒的耐心，自觉地成为终身教育的一员，活到老，学到老，不断吸取新的教学信息，只有不断地从直接或间接的教学经验中汲取营养，才能把情境教学做到更好。

（2）发挥师生间的能动作用，营造情理融合的教学氛围

情境教学强调发挥教师的能动作用，注重营造良好的课堂气氛，这样才能把课堂搞活，使得课堂教学环境生动有趣。当然，要想营造良好的课堂教学氛围，更离不开和谐的师生关系。良好的师生关系是营造活跃的课堂氛围，创设有效教学情境的前提。

首先，尊重学生的个性。当今时代的学生思想比较开放，发散性思维较强，思维也比较活跃，面对一些问题，敢于表达，但是目前的小学生正处于由具体形象思维向抽象逻辑思维过渡的时期，心理还没有发展成熟，正确的世界观、人生观、价值观还没有树立，这个时候，也是考验教师的时候，必须上好道德与法治这门课，做好小学生的思想道德工作。在此过程中，需要注意的是，要做好小学生的思想道德工作，尊重学生的个性，加强师生间的信任，这些都是进行道德与法治课的基本条件。这个时候，教师不能为了教学而进行教学，一定要从学生的心理出发，多听听学生是怎么想的，听听他们不同的见解，也要注意不可冷嘲热讽，他们的想法和做法有什么不正确的，要积极地引导他们，让他们自己正确认识自己，摒弃误解，将他们身上的优点充分地挖掘出来，让他们表达自己真实想法的时候，多多引导，让他们积极健康地成长。

其次，加强师生间、生生间的互动意识，构筑和谐的师生关系。师生关系是教学领域中的重要问题，对教学产生重要影响。如果师生关系不好，教师在授课的时候，学生会有更多的抵触心理，学生会对教师阳奉阴违，教师说的话或布置的作业，如果失去外在的压力，就会置若罔闻。如果师生关系良好，师生相处就会融洽，学生把教师当作良师益友去看待，不论是课堂教学还是布置的作业，学生都乐意去完成。和谐的师生关系是进行情境教学的前提。在当代的社会环境下，社会中充斥着各种各样的信息，尤其是碎片化的信息，浪费了学生宝贵的学习时间。从另一种角度看，教师没有去了解这些信息，长此以往，师生之间就会出现隔阂，教师不了解学生的所思所想。不论是在课堂上还是在课下，教师都要与学生保持良好的沟通和交流，学生关注的东西，教师也要去了解、去关注，教师可以通过学生关注的问题来了解学生的喜好，知道他们所关心的问题是什么，然后加以

引导，即对于符合社会要求的行为给予鼓励，对于不符合社会要求的行为要引导学生及时改正。通过交流，把学生喜闻乐见的焦点问题与课堂知识相结合，既可以拉近师生间的距离，也可以营造良好的课堂氛围，提高教学质量，更高效地达到教学目标。

最后，营造情理交融的教学氛围。道德与法治课是以生活为中心，这要求情境教学中师生进行互动，同时也要调动学生互动的积极性，还要让其进行讨论，将论点和矛盾引入课堂教学中，在相互博弈中体会所学知识的精华。

要想让学生更好地融入课堂，绝不是一种因素决定的，必须要做到经验与感官相结合、兴趣与认知相结合、知识与情境相结合，营造和谐的课堂教学氛围，提高学生的课堂参与能力，增强学生自主学习、自主探究的能力，形成良好的学习习惯，加强师生间的活动意识，充分展现出情境教学的课堂活力和魅力。

（3）正确处理好情境教学与传统教学的关系

我们积极倡导新型的教学方式——情境教学，但这并不是说全盘否定传统教学法。传统的教学模式在长期的实践中积累了宝贵的经验，如重视对重点知识逻辑梳理、记忆背诵等，同样也可以有选择地运用到情境教学中。因此，我们不要存在偏见，认为传统教学就不好，持有完全舍弃的态度，或者认为情境教学很好，就应该摒弃其他合理有效的教学模式。真正的情境教学应该具有包容性、真实性、生动性、情感性和典型性等特征，善于吸纳其他教学模式合理内核，有选择性地为自己所用。

2. 注重教学情境创设及其运用的合理性、科学性

（1）科学合理地创设教学情境

首先，教师在选用教学情境时应与学生的特点相结合。随着时代的发展、互联网的普及，学生获取信息的途径增加了，获取的信息量也加大了，面对这种情况，教师要注意，选题切记不可太过于片面化，让学生产生错误的导向。教师要根据学生的接受能力、班级间的不同情况选用教学情境，只有充分准备才能在课堂上游刃有余，提高课堂教学效率。

其次，教师在选用教学情境时应与教学目标相结合。作为教师，必须要抓住情境教学的关键，那就是情境的创设绝对不能脱离教学目标，脱离教学目标的情境教学，就算是创设的教学情境近乎完美，也会失去它的根本意义。如果教学情境缺乏针对性，就会导致创设的情境教学的内容没有反映教学的基本知识和重难点问题，学生就会迷糊，从而在学习的过程中迷失方向、迷失自我。这就要求教师创设的教学情境紧扣教学内容、教学目标、教学重难点和情感态度与价值观的培养。这样才能把学生领上正道，调动学生学习的积极性，从而实现教学目标。

最后，教师在选用教学情境时要注意灵活性、多样性。情境教学是一种高效、灵活的

教学方法。因此，在运用情境教学时，教师要根据教材内容、学生心理等，一堂课既可以灵活选用各类教学情境，也可以选用一种教学情境贯穿始终，但要注意适当选用教学情境，过度使用教学情境也会适得其反。在教学活动中，教师要根据教学目标、学生特点、自身驾驭课堂的能力灵活选用教学情境，创设学生喜爱的、乐于参与的、形式多样的教学情境，如故事情境、角色扮演情境、课堂辩论情境、问题情境等。

（2）科学合理地运用教学情境

首先，教师要巧妙自然地导入教学情境。一节课会有若干个知识点，既有重点，也有难点，会出现知识点衔接不够紧密的情况，如果教师不能很好地厘清这些知识点之间的关系，学生在听课过程中会感觉到很突兀，课堂教学结束后，学生不能把这些知识点串联起来，会在很大程度上影响学生对知识的应用。所以，教师在导入教学情境时一定要注意过渡自然，把知识点与教学情境密切地联系起来，这样才能很好地加深学生对知识的理解与运用。

其次，教师要深入浅出地讲解教学情境，并要适当拓展。教师制作的教学情境，如果仅仅像放电影一样呈现给学生，其效果就会大大降低，学生很有可能不理解，甚至感觉很迷茫，这样一来，情境教学的效果就会大打折扣。基于此，教师在课堂教学的过程中可以利用自身的语言、肢体动作等进行绘声绘色地讲解，并对知识进行适当的拓展，这样学生更有兴趣参与课堂活动，还可提高课堂教学的有效性和学生学习的效率。

最后，教师要适时地接受学生的反馈。教师在进行情境教学时要随时接受学生的反馈，既可以是在课堂上或课下，也可以通过对学生的测试进行反馈，教师要及时地记录下反馈情况，以便日后进行总结。如果教师没有及时的总结和接受反馈，就不能及时地发现情境教学中存在的问题，在很大程度上会影响情境教学的效果。

3. 建立健全多维度、综合性情境教学评价机制

目前，情境教学的评价机制还不够健全，应建立多维度、综合性的情境教学评价机制，贯彻落实新课程评价标准的要求，坚持以教师为主导、学生为主体，做到评价为教学服务、为学生服务。多角度对情境教学进行评价，可促使情境教学充分发挥作用，提高课堂教学效果。

（1）情境教学中的教学目标评价

要想知道情境教学的教学效果到底怎么样，就要看通过情境教学的实施有没有实现教学目标，实现的程度怎么样。针对这些问题，首先教师要全面、透彻、深入地理解教学目标。教师在创设教学情境的时候要将教学目标的重点要求淋漓尽致地表现出来，不仅要实现知识、能力目标，也要实现情感目标。其次，教学目标要均衡实现，并且注重对教学目

标进行全面评价，不仅是教师对学生的评价，也要有学生对教师的评价，还可以有教师之间的评价、家长对孩子的评价，力求情境教学中的教学目标评价体系进一步发展健全。

（2）情境教学中的教学过程评价

教师对情境教学进行评价时也要重视过程性评价，即形成性评价，就是指教师在教学过程当中，通过课堂观察、师生互动交流、学生自评和互评等方式对学生学习效果的持续性评价。情境教学课堂是要求全体学生共同参与的课堂，真正的以学生为主体，以教师为主导，引导学生主动思考、主动探究、主动合作，以此完成情境教学的任务。在此过程中，教师可以根据学生在课堂上的表现做好记录，以备后期总结，课堂教学过程中也可以根据学生的表现做出恰当的评价。同时，教师应该适时地引导学生进行自我评价，这样更利于学生及时地发现错误，从而改正错误。对情境教学进行评价时运用过程性评价，既可以提高课堂教学的效果，培养学生正确的学习习惯，提高学生的学习能力，增强学生学习的实效性，也可以为进一步完善情境教学的过程性评价提供有益的经验和积极的探索。

（3）情境教学中的学生发展评价

传统的教学评价是唯分数论，只要在学校及其各类组织的考试中能取得较高的分数，就被认为是优秀的学生，甚至在评选三好学生的过程中，也是把分数作为评选的唯一标准。那些道德素质高、身体素质好的学生，因为分数不够高而落选，这在一定程度上挫伤了他们的积极性，不利于他们的身心健康发展。这就引导学生机械地学习，如此才能赢得教师、家长、社会的认可。虽然目前社会积极倡导实施素质教育，并取得了一定的成效，但是效果不够显著，教育促进人的发展效果没有完全展现出来。

基于上述存在的问题，情境教学在道德与法治课堂上得到了广泛运用，它把促进学生的全面发展放在重要位置。在情境教学中，教师既要立足于教材本来的知识体系，又要重视学生接受知识、理解知识的程度，切实把促进学生全面健康发展作为情境教学的重要评价标准之一。

（二）小学道德与法治情境教学的具体应用

1. 创设故事情境

教师在道德与法治课堂教学中能够根据教学基本内容和学生的心理发展规律及其生活经验创设学生喜闻乐见的故事情境。在上课的过程中，教师会很自然地导入或穿插一些故事情境，还可以利用肢体语言、抑扬顿挫的声音、典型图片、班班通教学系统等手段，调动学生积极主动参与课堂活动，集中学生的注意力，促使学生乐于参与课堂、融入课堂、升华课堂，提高教学质量和学习效率，打造一种有效的且富有生命力的教学方法。

(1) 运用故事情境教学的意义

首先，提高课堂教学质量。在传统教学模式的束缚下，学生深切地感受到道德与法治课堂就是一种“洗脑”式课堂，没有创意，学习枯燥，学生厌学。在情境教学模式的指导下，道德与法治课堂导入或穿插故事情境，能够把教材中一些难以理解、较抽象的知识点讲解得更加透彻，便于学生理解，在一定程度上降低了教师授课的难度，提高教学的有效性。

其次，培养学习兴趣。故事具有趣味性，讲故事能够激发学生的兴趣，引导学生积极主动地探索，提高学生的学习效果。打破传统的一味说理的教育，可使死气沉沉的知识变得更加富有生命力，学生在教师创设的故事情境中能够很快地接受知识。

最后，掌握学习技巧。俗话说：“授人以鱼，不如授人以渔。”还有一句更经典的话：“教是为了不教。”教师不能只是传授学生知识，鞭策学生记诵优美句子，更重要的是教给学生学习的方法，引导学生找到适合自己的学习方法。而且，学生本身具有很大的可塑性，通过创设故事情境的方式进行课堂教学，不仅能够提高课堂教学效果，还能增强学生的学习效果，培养良好的自主探究的学习习惯。

(2) 运用故事情境易出现的问题

首先，教师创设的故事情境过于或不够有趣。教师在创设故事情境的时候一定要根据教材知识的需要和学生自身的发展情况，找准学生的兴趣点。只有这样，才能提高故事情境的效果。

其次，创设的故事不具有典型性。教师在选择故事的时候一定要与知识点相联系，一个故事就能巧妙深入透彻地说明相应的知识点，这样讲解起来省时省力。

再次，教师创设的故事情境是虚拟的，具有负面作用。道德与法治课堂选用的故事情境不仅仅是为了导入要学习的知识，促使学生更容易理解教材知识，也要注重故事的衍生教育意义。

最后，课堂秩序把控不好。因为小学的学生活泼好动，当教师放映一些特别搞笑的故事的时候，就会引起学生的哄堂大笑，开始与周围的同学讨论，从而出现不可控的局面，这样严重影响正常的教学进度和教学效率。因此，教师在讲故事时一定要控制好课堂局面，避免出现混乱的状况，学生也不能只高兴，一定要让他们通过故事明白故事中蕴含的道理。

2. 创设角色扮演情境

在进行角色扮演情境教学时，教师要根据学生的实际生活经验精心选取适合角色扮演的教学情境，让学生积极主动地扮演教材中的角色。由于角色扮演就像做游戏一样，学生乐于参与其中，所以能够点燃学生的学习激情，加深学生对抽象知识的理解，提高学生利用所学知识解决现实生活中出现问题的能力。

(1) 角色扮演情境教学的意义

首先，加深学生对知识的理解，使抽象的知识生活化、简单化。学生在角色扮演过程中会利用教材中所学的知识深入地理解该角色所处的环境、人物心理。这样，学生在完成角色扮演任务的时候，就会活跃课堂教学氛围，提高学习效率。

其次，理论知识与实际相结合，增强学生在现实生活中解决问题的能力。角色扮演就如同舞台上的演员演戏一样，教师把在生活中经常遇到的实例加以整理以后，让学生在舞台上进行角色扮演，进而将所学的理论知识运用到实际生活中去。这样不仅能够提升学生在生活中解决类似问题的能力，还可以提升交流能力，增强学生学习的乐趣。

(2) 角色扮演的技巧

首先，提前做好准备。在进行角色扮演情境教学时，教师要做好课前准备，根据教材的相关内容和学生自身的性格特点选好“演员”，同时要求学生熟悉课文内容以及要扮演的角色，并且分好小组，等到上课时直接让学生进行表演。如果等到上课后再让学生进行表演，一则耽误上课时间，二则由于学生准备的时间太仓促而影响教学效果。

其次，以教师为主导，以学生为主体。在进行角色扮演时，需要师生共同参与、共同表演，这样有助于营造和谐的师生关系。师生关系是否平等、和谐，是角色扮演是否成功的关键。师生关系较差会阻碍情境教学的顺利开展，角色扮演也没办法进行。有些学生胆子较小，或者表演得不够好，教师要多给予鼓励，并且加以引导。教师既可以是导演，也可以是演员，要和学生一起玩耍、一起学习。

最后，做好总结工作。在角色扮演结束后，教师要实事求是地对这节课学生的表现进行总结，要以鼓励为主，也要提出适当的建议，以便促进学生快速进步。同时，也要对这节课的教学内容进行总结，这样能促进学生对知识点的理解和掌握，促使学生提高自身的表达能力及语言沟通能力。

3. 创设问题情境

爱因斯坦曾经说过：“提出一个问题比解决一个问题更重要。”所以，教师要在课堂教学中创设问题情境，这样会激发学生学习的求知欲。问题情境教学类似于苏格拉底的“产婆术”，就是根据教学内容和学生实际情况，在课堂教学的过程中引导学生发现问题，从这些问题着手，分析问题，深入思考，从而解决问题，并在解决问题的过程中理解、掌握新的知识。在这一过程中，学生或许会出现困惑、焦虑等情况，教师在这个时候要善于疏导，让学生明白外部问题和学生内部经验的冲突是很正常的，只有顺利解决冲突，才能达到问题情境教学的效果，进而提高学生利用所学的知识解决问题的能力。

（1）问题情境教学的意义

首先，引导学生自主学习，激发学生学习的欲望和热情。教师创设的问题情境能够引发学生主动思考和探究，学生能够在教师的指导下解决一个又一个问题，增强学生学习的成就感，从而点燃学习热情。

其次，有助于打造活跃课堂，营造积极活跃的课堂氛围。教师创设问题情境，就是促使学生在课堂学习的过程中善于发现问题、提出问题、解决问题。学生在一次又一次攻克难关的时候，有利于收获自信，激发学生学习的求知欲，更有利于提高道德与法治课堂教学效果。

最后，有助于教师授课、学生学习。教师在课堂教学的过程中，将教材中的知识转化为一个又一个具有层次性的问题，一个问题的顺利解决，就会为下一个知识点的学习及其问题解决提供基础。教师可循序渐进引导学生解决问题，让学生在潜移默化中学习知识，完成学习任务。

（2）问题情境教学的技巧

首先，营造积极的课堂学习气氛，调动学生学习的主动性。教师在课堂教学活动中创设问题情境会受到各种各样因素的干扰，如教师讲话的语调、行为举止、情感投入等都会不同程度地影响学生在问题情境中的学习效果。教师是课堂气氛的调节器，如果感觉课堂教学气氛沉闷了，教师可以运用有趣的事物活跃课堂，或者提出问题，让学生回答，看谁回答的又对又快，学生的兴趣激发了，才能快速提高课堂气氛。这样，问题情境教学才会起到事半功倍的效果，学生也会对学习产生兴趣。

其次，注重引导。苏格拉底的学生柏拉图说过："学校的教学程序重在引导，学校应该引导学生去发现那些与人和世界有关的相关概念。"可知，教师要重视对学生进行发现问题的引导，激励学生养成善于发现问题、提出问题的好习惯。

有相当一部分教师虽然提出问题，让学生开始讨论问题，但自身却置身事外，这样看似非常热闹的课堂，实则没有任何效果。因为自觉的学生能按教师的要求讨论问题，不自觉的学生看似在讨论，实则讨论的问题和本次教学的内容无关。所以，教师提出问题后，自身也要参与其中，观察学生讨论的程度，如果讨论的方向错误了，要及时引导学生，避免其走向歧途。当学生遇到较难的问题时，教师在旁边也可以进行适时的指导。在讨论中出现不同的观点时，教师要给予启发并且肯定学生正确的一面，在学生找出问题的答案时，教师要进行总结，并引导学生发现更多新的问题。

4. 创设课堂辩论情境

在传统的课堂教学中，学生学习的主体性很难得到有效发挥，但在课堂辩论情境教学中，不仅能够有效发挥学生学习的主体性，提高学生学习的积极性、主动性，还能让学生形成良好的学习习惯。在进行课堂辩论情境教学时，教师要根据教学内容和学生的实际情况恰当地选择适合的课堂辩论题目，让学生组成正反两方，在做好充分准备的基础上参加辩论活动。

（1）课堂辩论情境教学的意义

有助于调动学生学习的积极性，加深学生对知识的理解，增强学习的信心。通过开展课堂辩论，给学生提供展现自我风采的舞台，不再让传统的道德与法治课堂枯燥乏味。课堂辩论前，学生会搜集大量的相关证据，辩论时辩论双方都会列举充足的证据，最终说服对方。这种教学方式中，学生在辩论的过程中不仅活跃了气氛，而且能够获取大量的有关信息，对知识点进行查缺补漏，既可以很好地提高了学生学习的效果，又可以提高学生对知识的应用能力。

（2）创设课堂辩论情境教学的技巧

首先，精选辩论主题。教师在选择辩题时，一定要考虑学生的年龄特点、学生自身的发展水平，辩题难度适中，超越或低于学生的实际水平都是没有意义的；同时也要考虑辩题是否符合教学内容，能否突出重难点，以及它的趣味性，能否激发学生的兴趣。这样能使学生更容易理解和产生兴趣，举办一场精彩的辩论会，并且可以利用学到的理论知识指导生活中遇到的问题。

其次，做好辩论准备。教师要提醒学生对辩论做好充分的准备，学生要根据辩论主题广泛搜集、查阅、整理相关资料，向教师询问、征求意见和建议。教师要让全班学生都参与进来，要根据学生自身的特点分配任务，如哪些人适合当辩手，哪些人适合负责资料的整理工作。但也要注意，辩论双方的人数既不能过多，也不能过少，每组 5 人左右，还可以有观众提问环节，这样就可以在很大程度上保证全员参与性，让每位学生的价值在这场辩论中得到很好的实现。

最后，在参与中学习，在学习中参与。学生在搜集资料的时候，要有事实依据，要有理论知识，不能以举例子代替理论总结，也不能纯理论，而缺乏事实依据。学生搜集资料应从课内开始，兼顾课外。当然，学生搜集的资料要是近几年的，具备一定的时代性。

（3）课堂辩论情境教学时易出现的问题及解决方法

首先，辩论题目太难或太简单，缺乏可辩性。辩题的难易程度是影响辩论赛是否成功的重要影响因素。如果辩题较难，学生根本就不理解辩题的含义，或者说以学生现有的水平很难搜集到相关材料，这就会让辩论赛失去意义；如果辩题过于简单，这种观点是大众所熟知的、已经有定论的，也不适合做辩题，对于学生来说没有挑战性，也就失去意义。选用难度适中的辩题，不仅有利于学习，还能培养学生的价值观。

其次，部分教师没有针对辩论进行有效指导和总结。教师要对辩论会做有效的指导，因为现在的小学生受知识水平的限制，有可能选择不好辩题，这样就不利于顺利开展辩论赛。辩论赛结束之后，教师要做一个总结，让学生认识到哪些地方做得好，需要坚持，哪些地方做得不好，需要改进。由此可知，教师要对学生进行有效的指导，让学生深刻体会到这次辩论赛的意义。

第七章　小学道德与法治的活动化及体验化

第一节　小学道德与法治教学的活动化

一、道德与法治活动化的阐述

（一）核心概念的界定

活动教学是指充分遵循学生的身心发展规律，在教师的组织与指导下，让学生自主思考、自主活动、自主探究、自主体验，最终促进学生的认知、情感和行为的全面和谐发展。

活动教学主张以活动促发展。活动是发展的主要途径，发展是活动的最终目的。活动教学强调对学生能力的培养，要让学生在丰富多彩又有教育意义的活动中获得知识、培养能力、丰富情感、完善人格，进而提高整体素质。

（二）道德与法治活动教学特点

小学道德与法治课程活动教学是一种双向互动、双向对话的教学方法。它的存在既是普遍的，又是特殊的。普遍性在于它具备活动教学的特征；特殊性在于除一般特点外，它还具有区别于其他学科活动教学的特点。概括来说，小学道德与法治课程活动教学的特点包括以下内容。

1. 以道德法治教育为根本

青少年是祖国的未来、民族的希望。不同学科的开设对青少年的教育意义不同。小学道德与法治课程既和其他学科一样遵循小学生的身心发展规律，又要遵循学生道德品质形成与发展的规律。它是以小学生的生活为基础，以引导和促进学生道德品质和法治素养发展为根本目的的综合性课程，对学生核心素养的培养与良好道德与法治的形成发挥着重要的作用。这一学科特性也由此强调课程教学要以学生的道德与法治教育为基础。而小学道德与法治课程内容综合伦理道德、心理、法律、国情国策四大领域的知识，有机融合情感态度、行动能力和知识认知，突出强调活动性学习方式。面对如此丰富多样的课程内容，教师仅利用课堂活动教学形式是远远不够的，还需要依据教学内容选用课外及社会实践等不同活动开展形式，让学生通过参与不同形式的活动促进自身情感和信念的完善，使学生的理论知识在活动的实践中得到升华。由此，小学道德与法治课程活动教学的本质特征是以道德法治教育为根本的，活动教学在小学道德与法治课程中的应用是青少年道德与法治教育得以实施的有效途径。

2. 以课堂教学为主要途径

就目前教育形势来看，课程改革的浪潮幅度越来越大，素质教育的理念越来越深入人心，但课堂教学作为学校教育的实施场所，依旧是我国中小学教育活动的基本构成部分。

在语文、数学、英语等学科中，教师对教学内容的设计与选用往往以客观知识讲授为主，尤其注重知识目标的完成。就以小学生生活为基础、以引导和促进小学生道德品质发展为根本目的的小学道德与法治课程而言，教师在课堂上不只立足于教材内容进行讲授，更重要的是通过对所学知识的拓展引导学生在价值观、内在情感及实际行动等方面发生转变，将所学知识内化于心、外化于行，促进德育本质的回归。教师所选用的教学内容以及进行的教学设计都是以提高学生的情感态度与价值观为首要教学目标。课堂教学内容的丰富多样，使得小学道德与法治课程相比其他学科更适合用活动教学方式去呈现和影响学生，让学生在课堂活动中去体验和获得知识。因此，活动教学在小学道德与法治课程中的应用要以课堂教学为主要途径。

3. 以适度活动为表征

活动是学生道德形成、发展的根源与动力，学生的主体活动是推动学生知、情、意、行完善的基础，学生思维的变化、情感态度与价值观的形成，都依靠学生参与的各种活动。由此可见活动对于学生发展的重要性。就教学而言，活动开展的目的是为教学而服务的。教师为提高学生的参与度，体现以学生为主体地位的教学，过于强调活动的开展而忽视小学道德与法治课程的内涵。虽然小学道德与法治课程的特征符合活动教学中以活动促发展的思想，但教师在教学中还应注重把握小学道德与法治课程以道德教育为本质的思想。在活动教学中，活动只是教学的途径。活动开展的目的在于教师通过对活动自身价值的开发和利用，激发学生的学习热情和兴趣，引导学生积极主动地参与到活动中，使学生在活动体验和感悟中促进道德认知的提高与道德行为的改变。若教师一味重视活动而忽视课程的本质，那是无法真正发挥出活动教学应有教育价值的。因此，在小学道德与法治课程中，教师应注重把握活动的尺度，注重协调活动与课程本身的关系，不能过度活动。

4. 以师生互动为核心

传统的小学道德与法治课程教学中，教师与学生之间都以独立的个体存在着，相互割裂，师生关系不和谐。活动开展时，教师独自讲述内容，部分学生无视教师的教学行为，教学指令无法得到回应，学生不主动参与其中，活动也无法真正发挥作用。因此，要想提高小学道德与法治教学效果，主要在于建立民主、平等的师生关系，创设适合于学生主动参与、主动学习的新型教学环境。在活动教学应用的过程中，教师会根据教学内容设计不同的教学活动形式，如课堂讨论、课下实践操作、网络在线互动以及实践体验等。在这些活动中，良好的师生关系不仅在培养学生的人际交往能力和促进健康成长方面有着重要意义，而且还决定着活动的顺利开展。同时，活动的开展也意味着新知识的生成，可促进平等师生关系的构建。教师通过活动向学生分享自己的知识和经验，学生在活动中表达自己独特的见解，师生之间在人格上相互尊重，在角色上形成良好的转换机制，实现教学相长。由此可知，在小学道德与法治教学中，师生有效互动是保证活动效果的基础和前提。

二、道德与法治教学活动化的策略

（一）遵循的原则

与传统教学方法相比，活动教学的思想散发着浓厚的时代气息。因此，在小学道德与法治课程中应用活动教学必须坚持以下教学原则，以确保教育教学取得实效。

1. 主体性与主导性相结合的原则

从师生地位来看，首先应遵循主体性与主导性相结合的原则。主体性是人区别于其他动物的标志，最能体现人的本质力量。但主体性并不是人生来就有的，它是在内外活动的交替作用中逐步形成、发展及完善的，教师应利用活动形式培养和发展学生的主体性地位。主导性原则主要是指教师在课堂教学中的主导地位。活动教学中只体现学生的主体性地位，不注重教师在活动过程中的主导作用，依旧无法真正发挥活动教学在小学道德与法治课的应用价值；过于注重学生在活动中的自我发挥，给予学生自由的空间，而不注重教师在活动中对学生的引领作用，该活动的实施也是无效的。小学道德与法治课程中的活动教学应是学生的自主性活动。但由于学生在认知结构、参与活动能力及生活经验等方面存在不足，他们主体地位的落实离不开教师的指导。因此，小学道德与法治课程中应用活动教学必须坚持这一原则，并在具体应用中做到：在教学中要以小学道德与法治课教学目标为基础，选择学生乐于接受的内容和方式，激发学生主动学习动机，在课堂上注重学生对活动的反映，适时调整活动内容，培养师生共同或单独探求、发现知识的意识。

2. 实践性与生成性相结合的原则

从教学过程来看，小学道德与法治课程中的活动教学必须坚持实践性和生成性相结合的原则。传统的教学方式只注重知识的灌输，不注重技能的训练，只注重动脑能力的培养，不注重动手能力的锻炼。遵循实践性原则正是为了弥补传统教学方式的不足。实践性原则是指借助一定的物质手段，通过学生的主体活动，改造学生的主观世界，塑造学生的人格品质，促进学生主体发展。生成性原则是指在学习过程中要利用学习策略对学习的材料重新进行加工，产生某种新的东西，这就要求学习者进行高度的心理加工。教师在进行教学设计时会预设一定的教学情境和教学活动，不仅可体现小学道德与法治课程的计划性，更能促进教师在课堂中灵活开放地教学。但是，课堂教学内容的走向并不总按照预设内容发展，学生对课堂活动的参与、教师对预设内容的把握以及突发情况的出现，这些都导致活动教学中有不同程度的新内容生成。如果教师只是一味地预设教学内容，而不对生成性资源加以利用，那么不仅会在某种程度上挫伤学生参与课堂活动的积极性，更会导致课程资源的浪费。预设内容与课堂活动生成内容是一个有机的整体，注重生成性原则能有效提高教师的教学机制，增强教学能力。因此，在贯彻这一应用原则时，教师应因人、因事、因时、因地制宜地创造活动，给学生提供亲身实践和体验的机会，让学生在自我参与中提高能力，促进自身整体素质发展。

3. 活动性与教育性相结合的原则

从教学目标来看，小学道德与法治课程中的活动教学要坚持活动性与教育性相结合的原则。活动性原则是指在教学中根据学生的发展差异，将活动作为教学的主要形式进行教学内容的讲解，并在这一过程中让学生主动参与活动教学。这一原则是小学道德与法治课程中的活动教学的灵魂。它要求教师在教学中既要精心地设计活动、充分地调动学生的积极性和创造性，又要让学生在教学活动中真正地内化，让学生在获取知识的同时，思维能力、创新能力都得到充分的提高。教育性原则是指在教师设计的一系列活动教学内容中对学生来讲必须具有改造和创造功能，并有助于理性思维的培养和良好品质及健康个性的形成。盲目活动和随意活动不应纳入活动教学范围。小学道德与法治课程中的活动教学要在活动中达到教育目的，在教育中开展活动。将教学目标寓于活动中，尤其注重强调贯彻落实情感态度与价值观目标，这不仅为活动开展提供指导，更是提高活动有效性的方式。因此，在贯彻这一原则时，教师应注重对活动开展形式及内容的精心筛选，选择有教育意义和价值的活动，以适应教学目标的要求。

4. 生活性与综合性相结合的原则

近年来，在回归生活德育理念和社会所需综合性人才的影响下，小学道德与法治课程中的活动教学应坚持生活性与综合性相结合的原则。生活性原则主要是指淡化课本知识的讲授，关注并强调学生自身的生活经验，关注学生在课堂教学中是否获得体验等。道德与法治的学习既要与实际生活相关联，又要有一定的知识作为依托，以此来认识和反思生活；既要避免知识化，又要避免去知识化。综合性原则是指活动教学的存在不是独立的，是将学生情感态度与价值观、知识、能力的提高与思想方法、思维方式的掌握融为一体。在小学道德与法治课程中，教学内容涵盖各个领域，文化、道德与法治、经济、法律等内容都是学生应该学习和接触的。这些内容之间相互影响、相互依赖、相互制约。因此，在贯彻这一原则时，内容上要牢牢把握小学道德与法治学科与其他学科知识的关联之处，恰当运用各种知识体系；形式上根据活动内容需要，灵活选择或整合活动方式。教师可在课余时间多与学生进行交流沟通，在充分了解学生需求的基础上，设计合理的活动，提升学生知行合一的能力。

（二）实施形式

1. 讨论式

道德与法治学科活动型课程中的讨论形式是指学生在教师的指导下，围绕某个问题各抒己见、交流意见、发表看法、相互启发，得出结论的教学形式。需要注意的是，讨论问题的确定除了紧扣教学内容之外，还要能够激发学生的兴趣，吸引学生参与其中，打开话匣子。教师除了有效利用道德与法治教材中自带的讨论话题外，还应根据教学需要，因地制宜地设置讨论情境。在讨论中，教师只是引导者和协助者，讨论的过程应交由学生，充分发挥学生的主体作用。对于学生讨论中的不当观点，教师不用急于否定，可以组织学生进行集体讨论和评判，从而得出正确的价值判断和道德认知。

对于讨论中相似性较大、学生容易产生混淆的内容，还可以采用讨论的特殊形式——辩论来进行教学。辩论的特殊之处在于它的冲突性和矛盾性，一般用于辩论的主题或问题有着明显不同的两极化的倾向。因此，在组织学生辩论时，一般只分为两大组，即正反两方，两方各持己见，在前期充分搜集材料充当论据的基础上，据理力争，以期驳倒对方。在此过程中，教师应引导学生关注辩论的过程而不是输赢。

讨论形式的课程教学需要注意以下四个方面。首先，对所要讨论的问题应做到心中有数。问题的设定应基于教学内容和大部分学生现有的认知水平，难度适当，贴合学生最近发展区，能够激发学生的求知欲，能够使每位学生都有话可说。同时，所要讨论的问题应该具备可探究性、典型性和开放性，即谈论的问题要具有一定的思维深度和思维空间，能有效突破教学重难点，具备讨论的价值。其次，合理划分讨论小组，尊重学生的分组意愿，做到组间同质、组内异质，确保能够照顾到班上的每位学生。讨论小组一般由4~6人组成，由学生自主推选一名组长或主持人以及记录员，且这两个角色可以在组间轮换。也就是说，每个学生都有做主持人和记录员的机会。再次，在讨论前，教师应该明确讨论的秩序和纪律，加强对讨论方向的把控，鼓励学生有序参与，求同存异，尊重他人，引导学生以理服人、以情动人、以人格感染人，有气度、讲风度、有温度，既要避免一人独占话语权夸夸其谈，又要防止成员间相互推诿，使讨论浮于表面。最后，在讨论结束之后，教师要适时总结，带领学生集体反思，鼓励学生存疑、质疑、思考和实践。

讨论的形式为学生提供了自由表达的广阔空间，使学生在观点的交锋中擦出思维的火花，产生一种思想带动另一种思想的连锁反应。尤其是在学生道德认知薄弱点或者道德判断困惑处采用讨论的形式，能起到激浊扬清、明辨善恶和是非、追求科学和真理的良好效果。学生在讨论中平等交流、友好互动，有利于建立互尊互爱的和谐班级氛围；有利于集体智慧的传播和共享，取长补短，共同进步；有利于学生从小形成与人交往的能力，培养社会参与的核心素养和健康人格。

2. 表演式

道德与法治学科活动型课程中的表演形式是知识迁移的一种方式，是学生对从课堂上所学到的学科理论知识的一种创造性运用。这种形式重视学生的情感体验，而道德情感正是促使道德认知向道德行为转化的桥梁，是促成道德践履的催化剂。通过表演，学生可以在围绕课程目标而创设的生活情境当中获得体验和感悟。小学生处在童年向青年的过渡时期，具有半成熟、半幼稚的特点，喜欢表现自己，渴望获得周围人的关注和认可。在思维层次上，小学生的具体形象思维已经转化为抽象逻辑思维，但存在一定程度上的片面性和不完整性。由于表演需要肢体动作和口头表达，符合小学生的年龄特点和认知发展规律，具有生动性、操作性、展开性的特点，因此可以很好地调动学生的学习兴趣和参与的积极性，能够有效地提高学生的思维组织能力和语言表达能力。需要注意的是，表演情境的选择应该坚持贴近学生、贴近生活、贴近实际的原则，符合不同年龄阶段学生的认知水平和生活经验，应选择学生熟悉的情境。这样可以使学生尽早地进入学习的状态，激发学习兴趣，深化对知识的体悟，提供能够充分发挥主观能动性的空间和平台。教师尤其要关注学生在表演过程当中呈现出的情感态度与价值观的倾向和无法预设的生成性观点、感悟和思想，以此为德育契机并加以引导。如此，学生不仅能够活学活用书本上学到的知识，做到学会学习，而且可以通过表演强化正确的道德判断和道德选择，提高责任担当的意识，在潜移默化的表演当中实现核心素养的培育。

（三）实施策略

道德与法治课作为一门以学生的生活为基础的综合性课程，其最终的目的是采用学生乐于和适于接受的生动活泼的方式，帮助他们学会独立解决现实生活中遇到的问题。因此，教师必须要针对学生的生理和心理特点有的放矢地设计教学活动，增强教学的有效性。

1. 进行针对性的活动设计

道德与法治课程以育人为目标，注重学生的生活体验，强调让学生在活动中学习，在活动中成长。教材为教师提供了丰富的内容，教师可以根据学生的实际情况和教材内容优化活动设计。在设计之前，教师必须充分了解学生情况，做好学情分析，根据学生现有发展水平和班级、家庭、社区和地区的实际情况制订有针对性的教学活动计划。关于如何提高目前小学道德与法治课堂活动的有效性，使课堂真正焕发出生命活力，以下三个方面值得关注。

（1）设计合理的活动目标

目标是活动设计的基础，也是一节优秀课的前提条件。要想提高教学的有效性，就要从设计合理的活动目标入手，让学生通过活动去感受、探究、体验，确保教学更加具有实效。小学低年级阶段道德与法治课程的总目标是培养具有良好行为习惯、乐于探究和热爱生活的学生。小学中、高年级阶段道德与法治课的目标是促进学生良好行为习惯的形成和社会性发展，为学生认识、参与和适应社会，最终成为有爱心、责任心、良好个性品质和行为习惯的公民奠定基础。在根据总目标设计课时目标时，教师必须要思考和明确设计目的和意图，学生通过参与活动能否达到目标，根据学生的年龄特点制订合理的目标，对学生行为实践的要求不能过高、过多，设计明确具体，贴近学生生活，能解决学生实际问题的教学目标才能使教学活动更加有效。

（2）营造平等的活动环境

新课程倡导以人为本的教学理念，这就要求教师转变教学观念，从单纯的知识传授转为关注学生的全面发展。对此，道德与法治教师要结合学生生活实际和教材内容尽力营造一个宽松、民主的活动环境，充分发挥学生的主体地位，让学生积极主动地参与到活动中来。在活动教学中，教师不再是传统的讲授者，而是学生的支持者和指导者，是学生合作探究的同伴，在活动中给学生提供充分展示的舞台，让他们通过教师创设的情境进行体验、感悟，勇于表达自己的情感，这样不仅拉近了师生之间的距离，更能提高道德与法治教学的有效性。

(3) 设计生活化的活动内容

道德与法治教学强调联系学生的生活实际，可以说生活是道德与法治教育的起点，也是道德与法治教育的归宿。因此，教师必须积极发掘生活中对学生道德与法治形成具有价值的资源，并进行整合利用，在活动中鼓励学生主动参与教学过程，帮助学生获得积极体验和丰富的经验，使学生在生活化的情境中开展有效的学习。

道德与法治课活动内容的设计过程是教师对教材内容、目标、学生实际生活中存在的相关问题和现象等资源进行整合、加工的过程，在设计活动时应该注意多选取与学生生活实际相结合的主题，多选取学生关注的话题，通过创设情境、组织活动，模拟和再现学生生活，实现课程与生活的对话。对此，教师在教学过程中要不失时机地引导学生观察、体验、感受生活，把丰富多彩的现实生活引入课堂，使学生通过活动丰富和完善自己的生活经验，进而获得内心体验，培养道德行为，从而指导学生的生活，增强道德与法治活动教学的有效性。

2. 运用多样化的教学方法

教学方法是小学道德与法治课程中实现最优化教学过程的一个举足轻重的因素，也是最重要的一种教学策略。教学方法的优劣直接影响教学质量，巴甫洛夫说过："好的方法将为人们展开更广阔的图景，使人们认识更深层次的规律，从而更有效的改造世界。"教师应该十分重视在教学中选择适当有效、形式多样的教学方法，开展丰富多彩的教学活动，提高课堂教学效率。

教学方法多种多样，不同类型的道德与法治课可以采用不同的教学方法。以传授知识为内容的道德与法治课可以采用调查研究、交流汇报等教学方式，而以培养学生良好道德与法治和行为习惯为内容的课程可以采用情境渲染、角色体验等教学方式。教师在不同课型中可以选择不同的教学方法，在不同教学环节中也可以采用不同的教学方法。多种教学方法交互使用，其目的是增强道德与法治教育的有效性，达到育人的目的。需要明确的是，教学方法的选择也要注意符合学生的年龄及身心发展的规律。例如，低年级的学生注意力容易分散和转移，他们往往只注意新奇有趣、能吸引人的事物和学习材料，明亮的颜色、好听的声音和鲜明的人物形象更容易引起他们的注意，而且他们注意力保持的时间比较短暂，约为 20 分钟，所以在低年级进行教学导入时运用多媒体进行情境渲染能取得较好的效果。

以下介绍几种有效的教学方法。

(1) 情境渲染法

情境渲染是现在道德与法治课中常用的一种教学方法，即教师营造一种教学情境，通过搭建情感交流的平台，努力使学生身临其境，并积极主动地参与到情境活动中来。现在的道德与法治课堂已经不是原来那种死气沉沉、照本宣科的课堂，新课改要求教师能恰当地运用多媒体技术，针对学生年龄特点和生活经验创造性地设计教学环节。多媒体技术具有生动性和直观性的教学优势，容易营造与教学内容相吻合的教学情境，是教师在教学中经常使用的一种手段。

（2）角色体验法

角色体验就是教师设定某种情境或题材，让学生进行角色扮演或模仿。在此过程中，学生可以把自己置身于所扮演的角色之中，通过对角色的想象和体验，增进对角色的理解。这种方法不仅可用在道德与法治课堂教学中，也可用在校外的实践活动中。

（3）游戏活动法

游戏是小学生非常喜欢的活动形式，游戏活动法是现在道德与法治课运用最多、效果最好的一种教学方法，也是可以投射学生内心世界的一种教育方法。教师可结合学生的年龄特点和心理活动特征在教学中组织游戏活动，这样有利于激发学生的兴趣，调动其积极性，使学生主动参与到教学活动之中。在教学中，教师要注意营造一种轻松愉快的氛围，让学生在欢乐的氛围中学习知识、培养团队精神、树立合作意识。在采用游戏活动法时，教师需要注意以下四个方面：第一，在设计游戏时要注意游戏的内容必须与教材紧密联系，要充分考虑教学目的和要求，注重教学效果，根据教学内容设计游戏的内容和形式。第二，要注意加强学生合作与竞争精神的培养，如果能在游戏中加入心理健康教育的元素并加以积极引导，就更能够促进学生完美人格的培养。第三，要加强游戏的组织性和纪律性，特别应注意游戏分组时要尽量按照学生的能力进行合理搭配，避免因能力悬殊太大对学生的心理产生负面影响。第四，游戏结束后评价的方式应该以激励为主，特别应表扬在游戏中尊重和帮助同伴、有合作意识的学生。

3. 拓宽网络活动教学渠道

网络活动教学主要是指在现有教学资源的基础上，利用互联网虚拟空间的共享功能开展的活动。近年来，追求方便、快捷的生活方式对于我国的互联网事业来说是一个很好的契机。对于处于新时代的学生来说，他们本身就是互联网原住民。网络活动教学不仅能打破受教育者对传统教学模式的固有认知，主动建构新知识，更利于教育者革新知识体系，缩短师生思想差距，促进师生关系的和谐发展。

（1）协调网络活动教学与课堂教学的关系

网络活动教学在课堂教学中的开展必须以校园网和多媒体教室为基础条件，同时教师在校园网络中建立自己的网络化教学课程网页，设置留言板等网络交互活动的页面，利用现代化的多媒体手段创设良好的学习情境与氛围，激发学生的真情实感。在此过程中，教师应从整体上把握教材，对教材进行全面地理解、分析和把握，特别要从学生的角度分析教材，了解教材的内容、编排意图，构建完整的知识体系，然后利用互联网去选择、利用与教学内容紧密相关的活动教学资源，使所教的理论知识融入网络活动。

（2）加强网络活动教学与课下教学的联系

网络活动教学突出网络在师生教学活动中的重要地位和作用。网络活动教学不仅能充分发挥网络的优势，更能有效提高学生的学习兴趣，培养学生形成正确的信息道德素养。教师将网络活动与课下教学紧密结合，才能充分发挥网络活动教学在小学道德与法治课程中的应用价值。在教学中，教师应与学生建立本班课下网络活动教学的公共群，以便在课下能与学生建立联系。在课下教学中，教师可以选择将课堂遗留的问题或就近发生的热点发布在群里，让学生在空余时间参与其中，通过了解学生对所提问题的回答，了解学生的学习及生活状态，加强教师与学生之间的沟通和交流。同时，在课下教学中，教师应对网络活动教学的开展时间进行限定，以提高学生应用网络活动教学的学习和对知识的筛选能力，进而促进学生网络媒介素养的提升。

4. 广泛开展社会实践活动教学

社会实践活动教学主要是指学生在教师的指导下，走出校门、深入社会调查搜集所需要信息来解决实际问题的一类活动教学形式。小学道德与法治课教学内容并不只局限于课堂之上，学生在课堂中学习的知识是有限的。如何用恰当的形式将学生头脑中有限的知识向无限的知识领域扩展，这就需要教师精心利用社会实践活动这一形式，根据学生的发展需要让学生在社会实践活动中加深自己对所在地区的道德与法治、经济和文化内容的了解，从生活中获取更多的智慧来丰富自己的头脑，拓宽自己的知识体系。

（1）提高教师社会实践活动教学组织能力

影响社会实践活动顺利开展的制约因素是活动的前期设计和组织实施。这就对教师提出了新的要求。它需要教师准确把握社会实践活动的性质，明确社会实践活动在开展过程中应完成的教学目标，而且对于教师的活动组织和实施能力要求极高。从依据教材和大纲要求选择适合开展的社会实践活动主题内容，到集体备课时各教师集思广益对主题内容进行设计，再到向学校教学部门提出活动申请，再到协调各方力量开展实施，最后对活动进行总结、评价。在这些环节中，教师一直处于主导地位。如果教师缺乏相应的组织教学能力，那么学生极其容易因教师主心骨作用的缺失而产生恐慌的心理，从而抵触社会实践活动。因此，教师在组织开展社会实践活动之前，不仅要考虑学生的影响因素，还要将提高自身专业能力发展作为不懈追求的目标。同时，在这一过程中还应加强对本土资源的开发和利用。

（2）形成学校、家庭、社会三者的教育合力

开展丰富多彩的实践活动，扩展学生的学习空间是小学道德与法治课程要完成的教学任务。活动教学要求把课堂延伸到校外，追求校内外活动的协调和相融。这样有利于发挥学生的主体作用，提高学生的创新和实践能力，促进学生的有效发展。对此，道德与法治教师应强化家校联系，通过教师家访、定期召开家长会、请家长到校参加活动等形式，建立家庭学校小学道德与法治活动的联合行动机制，并组建各种教育基地，建立学校和社会的联动机制。例如，与当地派出所、法律事务所组建法制教育基地，加强对学生的法制教育；与社区居委会组建德育基地，提高学生服务社会的意识；与厂家、商家、土地承包户等建立劳动实践基地，以此提高学生参与社会实践活动的能力。

第二节　小学道德与法治的体验化

体验学习是通过学生的亲身经历和反思内省，不断提升自我的学习过程，在实践中促成学生良好行为的知行合一。

一、体验式教学的基本理论概述

随着新课程改革的推进，体验式教学已经成为当下较为常见的教学方式。什么是体验教学，体验式教学具有怎样的特征，体验式教学如何与小学道德与法治课紧密融合，这些都是小学道德与法治在体验式教学研究中存在的问题。

（一）体验式教学的含义

小学道德与法治体验式教学是将体验式教学方法应用到小学道德与法治课堂教学中。在具体教学活动中重视学生的亲身体验是体验式教学的核心思想。体验是一种对于我们生活和人生的感悟，是一种独有的、内在的、发自内心的和生存、生命相联系着的行为。当我们体会经历过之后，我们对事物的认知和理解就不是任意揣测或者凭空想象出来的，也不是从其他人那里接收的，而是我们真正从自身的经历中感悟出来的。此外生命和体验具有整体关联性，它既是我们生命的构成要素之一，又是认识的出发点。

从心理学的角度出发进行分析，体验是既定的思维与存在之间内在结合的活动，是对内心世界进行改造的特定活动，是许多心理因素相互作用结果下的心理活动，它最终的目的是提高对生活的理性认识，主体的各种心理机能必须与体验这种特定的心理活动有机地

结合起来。体验的主体要善于发现事物与自身的联系，而且也要对事物进行理解和认知，进而产生各类心理反应，并通过这些心理反应获得深切的感悟和展开丰富的想象。

在人的成长中要做到认识与情感相统一，必须具备完整的人格，如果人的智慧不是建立在情感的基础之上，那么智慧必然是空虚乏味的。人格要想获得健全的成长，就不能只注重智力的发展。人格要想获得健全的成长，只有将智力发展与情意发展相结合，将认识与情感相结合。要想发挥最好的教学效果，实现教学目标，只有把教学内容和方法应用于情感基础之上。如果将个人经验与学习活动相结合，一定会事半功倍。可见学习者的个人经验对教学十分重要。自我发展和自我实现就是教育的真正价值，而自我是指个体自己的经验。对自己的情感态度与价值观的认识和感悟是体验到的全部感知与所在环境中的其他感知以及整个外部世界产生的关联性所决定的。

通过以上不同角度、不同学者对体验式教学的分析，体验式教学是在充分了解并掌握学生的认知特点和认知规律的基础上，以创设现实或过去经历的情景并加之以具体的问题引领，将具体的教学目标、教学内容进行融合或者情境再现、还原在所创设的情境中。

（二）道德与法治课中的体验式教学

小学道德与法治课中的体验式教学是指在小学道德与法治课堂教学中，教师选择便于学生在现实生活中寻找到的真实存在的生活片段进行课堂情境创设，在教学过程当中，教师指导学生以实际的生活经验为背景对创设的课堂情境进行主动体验、交流体验、感悟与反思体验，最终从浅显地对理论知识的理解转化为实际思想道德观念的升华和行为方式的内化的一种教学方式。小学道德与法治课是一门帮助学生树立良好的道德品质与理性的法治意识的综合性基础课程。在实际教学过程中，教师要重点培育小学生拥有正确的世界观、价值观和人生观。良好的道德品质和正确的法治观念的形成不依赖于知识的灌输，而是引导学生个体通过体验、认知、感悟、反思、内化等过程，将从外界获得的直接感受吸收转化成自身内在的品格和观念。小学道德与法治课中的体验式教学就是以体验活动或体验知识为方法，帮助学生获得道德与法治课相关的情感体验和隐性的知识经验，使其形成正确的道德品质与法治观念。

（三）体验式教学的特征

1. 思想性与参与性相统一

小学道德与法治课是一门帮助小学生树立正确的思想道德和坚定的法治观念的综合性课

程。在马克思主义理论的指导下，切合学生实际，增强学生爱国主义、集体主义的思想意识，培养学生成为一名具有高尚道德品质的公民。在教学过程中，学生是教学的重要组成部分。皮亚杰认为，学生学习的过程就是对知识主动建构的过程，每个学生都是意义建构的主体。在小学道德与法治课中运用体验式教学，就是教师在实际的课堂教学中创设一定的生活情境，鼓励学生主体积极主动进行体验并参与话题讨论，在思想的碰撞中，培养学生获取道德认知并主动构建道德经验的行为。在整个学习过程中，体验式教学更重视学生在思想上的体验和参与，尊重学生的权利，关注学生的需求，倾听其感受，分享体验成果。学生的学习积极性在体验式教学的课堂中被充分调动，更有利于其形成良好的思想道德素质。

没有思想交流的道德与法治课是无效的。无论一个人所处的环境是多么相似，但是对生活的体验、对待事物的看法一定是个性化的。学生的思想参与性并不单单指向某一个学生，或某一部分学生，而是面向全体学生。在小学道德与法治课中，学生主体通过不断地交流体验才能摩擦出思想的火花，触碰学生的心灵，使学生认可正确的思想意识。在小学道德与法治体验式教学中，教师要改变以往传统课堂学生思想参与缺失的情况，让所有学生从之前的思想被动接受者变成思想体验的主动参与者。教师在组织体验活动时应面向全体学生，在体验活动中最大限度地调动每位学生的学习热情，尊重与认可学生间的差异性，使每个学生通过体验学习实现对知识与情感的共鸣，从而形成正确的价值观，培养其健全的人格及高尚的道德情操。

2. 知识性与实践性相统一

在体验式教学过程中，教师无论采用哪种体验方式都是为了完成教学目标。小学道德与法治课的教学目标主要有情感态度与价值观目标、能力目标、知识目标。与小学其他学科相比，道德与法治课的教学目标更难完成。在教学过程中，教师既要引导学生学习科学文化知识，还要解决学生成长过程中遇到的问题，促进学生将道德知识内化于心、外化于行，由认识转换为行动。在体验式教学中，教师要注重学生体验知识的生成，尽可能补充时政热点、生活常识等，这样不仅有利于学生对相关问题的认识，而且还拓宽了学生的知识层面，提高学生对小学道德与法治课的学习兴趣。

实践性是小学道德与法治课体验式教学的另一个重要特征。小学道德与法治的课程标准要求教师在教学过程中应当更加关注学生行为方式的培养，没有实践性的道德与法治课只能成为空中楼阁，无法提高课程的实效性。小学道德与法治课的实践性主要体现在教学过程中教师创设的体验情境，案例素材来源于现实的生活实践当中，学生置身到具体的实践生活中体验并获取直接经验，通过体验的方式深入了解现实生活中的隐性教育功能。再者，实践性还体现在小学道德与法治课的课外实践操作中，学生通过体验式教学对原有的知识有了更加透彻的认识，并将这种认识反馈到现实的实践操作中，将原有的知识与新获得的知识融会贯通，使小学道德与法治课真正实现知行合一。

3. 理论性与生活性相统一

体验来源于生活，又服务于生活。学生是现实中的人、实践中的人、社会中的人。以现实生活与学生的实际为出发点，设计与小学道德与法治课教学内容相适应的情境，这样的体验式教学才能更好地引起学生的情感共鸣，强化其内心感受，指导其行为方式。然而，在实际道德与法治课堂教学中，教师创设的体验活动常常脱离学生实际生活，以教材为主，限制了学生的自我发展，不利于调动学生的学习兴趣，也无法触碰学生的心灵，引发精神交流。因此，在小学道德与法治课堂中，教师创设的体验活动与情境必须紧紧扣住生活，同时深入挖掘身边的教学资源，让学生有话可说，通过实践体验与深刻感悟，帮助小学学生形成正确的人生观、世界观和价值观。

4. 情感性与趣味性相统一

小学道德与法治课是一门对小学生进行正面积极显性教育的德育课程，旨在引导并帮助学生确立健康向上的世界观、价值观和人生观。在该课程中进行体验式教学，体验的过程不仅有原有知识的参与，还有情感因素的参加，体验过程中，只有让学生获取情感上的共鸣，才能达到教学的目的。在小学道德与法治课中运用体验式教学，教师必须调动学生的真实情感，如此才能激发学生的感悟与反思，使其建立正确的道德信仰。

受长期传统教育考试机制的影响，小学道德与法治课被学生和家长认为是一门实用性不强、没有多大价值的学科，在考试前简单机械地熟背知识原理就可以拿高分的课程，加之小学道德与法治课部分课程内容的设置理论性较强，学生对小学道德与法治课的学习兴趣自然缺乏。因此，教师采用体验式教学时创设的情境应当具有趣味性，这样有利于增强学生主动摸索与构建理论知识体系的欲望，激发学生的学习热情，在浓厚的学习氛围中，强化课堂教学的实效性。

（四）道德与法治体验式教学现实依据

1. 必要性

（1）落实道德与法治新课标的必然要求

小学生处于身心迅速发展的重要阶段，处于道德与法治意识形成的关键时期，迫切需要学校在学生的道德与法治的发展上给予正确引导。为了适应小学生的成长需要，教育部制定了《课程标准》。《课程标准》中明确指出："注重与社会实践的联系，引导学生自主参与丰富多样的活动，在认识、体验和践行中促进正确思想观念和良好道德品质的形成和发展。"

（2）提升道德与法治课实效性的现实需要

在传统意义上的小学道德与法治课堂教学中，学生对教师所讲授的教材内容学而不信、知而不行，在一定程度上削减了学生对小学道德与法治的兴趣。课堂分心、课下不重视知识复习、课外没有正确道德信念的指导，这样的传统教学直接影响了小学道德与法治课的教学实效性。

根据教育部颁布的新课程标准以及道德与法治教材内容，贯彻道德与法治课程是一门以小学生生活为基础、以引导和促进小学生道德与法治发展为根本目的的综合性课程的性质和必要时可根据学生认知特点，将真实法治案例引入课堂教学，注重学生法治思维能力培养的教学方式。对此，小学道德与法治教师要改变现有的教学方式。小学生道德与法治的形成和发展依赖于他们在后天的学习中获得感性认识并在生活中通过实践获得理性认识的学习。整个过程伴随着学生个体对生活的体验和反思。小学道德与法治教师要提高教育实效性，就应该从学生的生活实际出发，让学生在生活情境中进行体验，在实际生活中进行反思，帮助学生逐步形成正确的价值观。在小学道德与法治课中应用体验式教学法，教师应注重教材内容与学生实际生活的结合，使学习内容更加贴近学生的生活实际，让学生在这样的教学情境下进行体验、感悟、反思、升华，并把最终的学习收获运用在实际生活中，从而有效地提高道德与法治课堂的实效性。

（3）促进小学生身心健康发展的内在要求

进入小学阶段，伴随着年龄的增长，小学生的思维和自我意识也获得进一步的发展。首先，高年级的小学生能够考虑到发生事件的原因和结果，并提出相应的办法。同时，思维开始具有批判性色彩。其次，自我意识的发展。最后，独立倾向的发展。另外，小学阶段的学生容易动感情，也重感情。所以，在小学道德与法治课教学中，教师也愿意遵循学生成长发展特点，组织一些课堂活动。在体验式教学法中根据教材的内容和学生身心发展特点进行体验活动时，要激发小学生进行自我探索、体验的主体性，选择学生喜闻乐见的教学方式，调动学生自主学习的积极性，并且给学生提供自我展示的平台，有效促进小学生身心健康发展。同时，教师在运用体验式教学法进行师生交流和生生交流时，要尊重每一位学生的个性特征，引导学生形成积极乐观的生活态度，更好地平衡学生的本性和社会需要之间的关系，保证每个学生都能健康地成长。

2. 可行性

（1）新教材的内容设计为其实施提供基础条件

新版《道德与法治》教材改变了以往教材的说理教学方式，改变了旧教材中教师主导的课堂地位，改变了学生学习知识内容的方式。新教材的编著让教材的使用者成为学习的自我建构者、主动学习者和探索者。新版教材与旧版教材对比，增添了探究与分享、方法与技巧、阅读感悟等内容，这些内容增加了学生在课堂上的发言权，让学生把生活中的经验运用到课堂学习中，让传统的教师讲授拓展成为小组讨论、探究教学。新版教材使教学形式生动多样，而且教材中的许多例子、内容比较符合学生时代的特点，适合小学生的身心发展。

新版教材以学生为主体，从学生的角度出发进入课程学习，关注了学生在成长发展阶段的冲突与矛盾，通过具有针对性、探究性和情境化的教学，实现了教学内容与学生的对话。体验式教学法可以很好地配合新教材的使用，充分发挥新教材的内容，让学生在学习的过程中感受、反思、升华知识内容，体验参与学习的乐趣，充分发挥道德与法治课程的作用。

（2）教学条件的改善为其实施提供有利条件

小学阶段，学生的知识储备、生活经验有限，他们对于社会的认知局限于自己的生活空间，对于以整个社会为知识背景的道德与法治学科，有些内容他们没有涉猎过，不利于学生对这些内容的理解与掌握。在传统的讲授教学法中，无论教师描述的如何生动形象，都很难震撼学生的心灵。学生只能被动地接受教师讲解的内容，难以给他们留下深刻的印象，阻碍了课堂活动的有效开展，影响了实际教学效果。随着国家对教育事业的投入，现阶段的教学条件得到很大的改善。新课改背景下出现的多媒体教学设备和第二课堂为教学提供了硬件设施，这些设备的完善明显提高了道德与法治课的教学效果。多媒体教学设备将声、色、画、乐融为一体，丰富的画面、震撼的声音能吸引学生置身其中，激发学生产生极大的兴趣。第二课堂以丰富的体验材料，通过真实化的场景设计，更直接地传达了信息，让学生更全面地了解事物，这样的教学才能最直接、最强烈地冲击学生的心灵，增强了教育教学的效果。

多媒体教学设备的完善和第二课堂的创建为体验式教学法的应用提供了必要的硬件条件。在小学道德与法治课中运用体验式教学法，要把现实生活与教材内容联系起来，把正在发生的丰富鲜活的现象呈现给学生，吸引学生的注意力，增加小学道德与法治课堂的说服力，能有效提高道德与法治课的教育实效性。

（3）小学生的成长特点为其实施提供主体条件

根据皮亚杰提出的认知发展阶段理论，小学生处于形式运算阶段，具体表现为：学生可以在头脑中激发归纳、演绎、推理等抽象逻辑思维，以此区分事物的形式与内容。

但是，此阶段学生的抽象逻辑思维必须借助感性经验才能发挥作用。因此，教师需要不断丰富学生的内心体验，引导学生完成经验化向理论化的过渡。体验式教学法是顺应新一轮基础教育课程改革的学习方式。该教学法要求教师创设符合学生身心发展规律的课堂情境，让学生自己去经历、去感悟，让学生充分发挥自己的探索能力去体验学习，用他们喜闻乐见的方式去组织课堂学习，积极调动学生对课堂参与的兴趣。新课改理念下的体验式教学课堂以学生的生活经验为基础，调动学生对生活的认识、体验和感悟，引导学生全面客观地去发现和认识生活，根据小学生的身心发展特点，组织多种多样的实践教学活动让其进行体验，帮助小学生培养良好的道德法治观念。

3. 价值

（1）激发学生的学习兴趣，确立学生的主体地位

兴趣是学生最好的老师。在现代教育发展的今天，教师的教学观念悄悄发生了改变，从之前单一的“填鸭式”讲授转向更加注重学生个体能力的培养，在课堂教学中不再是为了教学而教学，更倾向于学生的主体感应。在创设教学活动时以学生的实际经验为基础，引导学生通过自主体验、自主探究、自主实践等多种方式去感受学习带来的快乐，让学生在课堂体验中快乐学习。随着新课程理念不断深入人心，小学道德与法治教师应利用生活创设情境，一方面通过真切的实际体验感受，激发学生的学习兴趣，营造宽松的课堂学习氛围；另一方面，具体的生活情境更有利于拉近学生与课本知识的距离，触动其情感，形成正确的价值导向。

课堂教学中以学生为主体已经是一个无可厚非的事实，但如何才能真正体现教学过程中学生主体性地位的发挥？仅凭几个简单的讨论，或是提出问题让学生去回答，已经不能充分说明学生就是学习的主体。真正体现学生主体性地位的教学应该是学生自己有意识、有目的地通过自身的实践经验将生活中的问题带入到课堂教学中，以自己的情感体验来唤醒自己对课本知识的理解。体验式教学强调以学生为本，尊重学生的个体发展，倡导学生进行自主的实践与体验，以自己独特的视觉和能力去感知世界。在小学道德与法治课中运用体验式教学，要尊重学生在实际生活中的道德体验，正视学生在生活中遇到的道德问题，分享体验后的道德成果，让学生在知识与体验的转换过程中，调动自身的思想情感，触动自身的内在灵魂，完全形成体验是一种学习，学习是一种体验的宽松学习氛围，让学生在丰富体验生活的过程中，调动其学习的积极性和主动性，成为实实在在的学习主体。

（2）建立民主课堂，培养师生双边和谐关系

教学的本质是一种双向交往的活动，教师的主导作用与学生的主体作用共同发挥，师生共同构建宽松愉快的教学环境。著名教育家赞可夫曾说过一句话：“就教育工作的效果来说，很重要的一点是要看教师与学生之间的关系如何。”很显然，师生关系的融洽度决定着一节高质量课程的实际效果。体验式教学追求的是师生地位平等，民主开放的课堂环

境，学生在宽松舒适的环境中体验学习，在学习交流中增强与教师的情感互动。在小学道德与法治课堂中采用体验式教学方法，教学中的师生关系不再是“教师—学生”这种单边关系，而是一种参谋或同盟伙伴的双边关系。教师一改往日高高在上的威严形象，参与到学生中间，与学生共同体验、欣赏教学情境，在情境中探究和构建知识，并形成自我的价值判断。这种课堂与生活，教师与学生所摩擦出的情感体验、情感互动，是传统的“授—受”这种教学方式不可比拟的，师生间的知识碰撞、情感共鸣所产生的道德影响也更加深远而持久。体验式教学对于培养师生双边和谐关系起着积极的作用。

（3）发挥小学道德与法治课的隐性教育功能，提高课堂实效性

根据小学道德与法治课教学要求，学生的认知不再停留于显性的知识层面，更应该鼓励学生自主探究，践行道德与法治课的隐性教育功能。小学道德与法治课是依据小学生的身心发展规律，在实际的生活化基础之上引导和帮助小学生树立优良的道德品质与理性的法治意识的一门综合性课程。过去的传统教育只教会学生“是什么”，学生无法感同身受地理解“为什么”，导致学生知其然而不知其所以然。究其原因，传统的教学方式过分注重学生的知识积累和认知能力的提高，理解和接受他人的经验，致使学生在思想情感上缺乏认同，课堂与生活脱离，课堂实效性不高，其所学知识无法真正运用到实际生活当中。

相较于传统的教学方式，体验式教学把课堂上更多的时间交还给学生，让学生在体验、感觉、思考、交流、领悟等过程中解放思想，实事求是，创新思维，将自身的直接经验与教材中的间接经验相互融合，在教师的指导与帮助下，将当前的经验与通过学习获得的间接经验相结合，不断修正并发展，最终促进小学道德与法治课知识的有效转化，将课堂知识迁移到实际生活中，提高学生的德育价值，使学生真正领悟到小学道德与法治课的教育功能。体验式教学来源于学生生活，最终走向学生生活，在体验中开阔学生视野，提升其实践与创新能力，在感悟、感知中将生活经历与理论知识相结合，充分发挥小学道德与法治课的隐性教育作用，提高课堂实效性，建立良好的道德品质与法治观念。

二、道德与法治体验式教学原则

（一）亲历性原则

在小学道德与法治课中运用体验式教学法，既要重视教师创设情境和活动的可实施性，又要重视学生在教学情境和活动中的亲历性。其中，小学道德与法治体验式教学法主要是一种教师积极引导学生亲身体验教学情境或活动进而获得优秀道德品质的教学方法。

体验的亲历性包括两个层面：一个是主体行为层面；另一个是主体心理层面。在教学

过程中，一方面，教师可以根据教材创设一个教学活动，让学生参与教学活动，以获得知、情、意、行等第一手的教学体验成果；另一方面，教师可以根据教材内容引导学生对以前发生并体验过的事情进行回顾和反思，调动学生的情感体验。通过对学生主体亲历的体验进行归纳总结和反思升华，内化为自己的道德品质并外化为自身行为的体验式教学法才能真正促进学生的发展。

例如，在教学“爱心的传递者”这一内容时，教师讲述了一个扶自行车的小男孩遭到误解的事例，只有让学生亲身体验受到误解的经历，才能更好地理解知识点：关爱他人，要心怀善意。在此过程中，教师采用角色扮演的方式进行体验式教学，让学生围绕“扶自行车——被误解——澄清误会”的步骤进行表演，表演结束之后，提问其他没有参加扮演的学生，让他们感同身受。最后，让学生阐述自己的心得体会，同时教师在引导关爱他人相关知识时，要以心怀善意为出发点。

由此可见，体验式教学法必须重视学生主体的亲历性。只有以学生主体亲历获得的情感体验为中心的教学才能帮助学生建构知识内容，才能帮助学生获得积极性和创造性的情感体验。

（二）生活性原则

道德与法治课的课程目标是促进小学生道德品质、心理健康、法律意识和公民意识的进一步发展，形成乐观向上的生活态度，逐步树立正确的世界观、人生观、价值观。所以，在小学道德与法治课堂运用体验式教学法创设教学活动和情境时要坚持“近、小、实、亲”的基本原则，以求贴近学生生活实际，发挥道德与法治课堂的育人价值。

（三）针对性原则

在小学道德与法治课中运用体验式教学时，要根据教材内容和学生的生活实际，有针对性地选择教学方法，找到学生最容易理解、最感兴趣的内容进行教学体验活动和情境的创设。在运用针对性原则时，要注意从两个角度出发：第一个角度是体验式教学法可以采用情境体验、视频欣赏、演讲、角色扮演、实验演示、调查访谈等多种方式进行。教师可以选择一种或两种方式进行教学活动设计。只有选择最恰当的教学方法，才能调动学生内心的情感体验，引起学生的思考，才能达到运用体验式教学法的目的。

（四）主动性原则

布鲁纳曾说过，知识的获得是一个主动的过程，学习者不应是信息的被动接受者，而应该是知识习得过程的主动参与者①。所以，在小学道德与法治课堂运用体验式教学时，教师要坚持以学生为主的原则，充分发挥引导者的作用，引导学生多动脑、多参与、多思考，发挥学生学习的主体作用。

在小学道德与法治课中运用体验式教学法必须落实到学生身上，这样才能真正发挥教学作用，学生才能通过各种活动和情境进行自我培养、自我反思和自我提升。

三、道德与法治体验式教学类型

著名的教育家叶圣陶先生说过："教学有法，教无定法，贵在得法。"任何一种教学方法在课堂中的运用并不是贯穿始终，教师应当根据教学内容，结合学生的生活实际，采取多种教学方式。体验式教学在小学道德与法治课中的运用类型主要分为阅读中体验、角色扮演中体验、多媒体影像中体验以及实践生活中体验。

（一）阅读中体验

阅读中体验是指学生在直接经验缺乏的情况下，教师根据教学内容指导学生对一些文字、图画等材料进行阅读，从而产生相应的情感体验。对于这类体验，教师在选择教学材料过程中应当注重作品的可读性和引导性，作品要富有浓重的情感性，学生通过对材料的深入阅读，触动其心灵，唤醒其内在的情感意识，在阅读中感受作品所赋予的意义，最终达到情与行相统一。例如，在教学"生命最宝贵"这一知识时，由于现在大多数小学生都是生活在快乐、祥和、幸福、安全之中，很难体会到当人遭遇危险时生命的脆弱，因此教师在教学中可选用一则真实的材料供学生品读。

（二）角色扮演中体验

小学阶段学生的生活阅历相对狭窄，对某些事物无法获取直接经验，为了让学生能身体力行地体味与感受，教师可以充分利用课堂教学，让学生进行角色扮演，从而获取更为丰富的情感体验。角色扮演是一种模拟体验，学生通过模拟某个角色的行为举止以及心理活动状态从而获得情感上的共鸣，加深对所学知识内容的理解。在小学道德与法治课堂中通过角色扮演让学生学习体验，极大地增强了学生的参与热情和学习意识。

---

① 杰罗姆·布鲁纳（Jerome Seymour Bruner），1915 年出生于美国纽约，美国教育心理学家、认知心理学家，对认知过程进行过大量研究，在词语学习、概念形成和思维方面有诸多著述，对认知心理理论的系统化和科学化作出一贡献，是认知心理学的先驱，是致力于将心理学原理实践于教育的典型代表，也是被誉为杜威之后对美国教育影响最大的人。

（三）多媒体影像中体验

在“互联网+”的教育大背景下，多媒体教学已经成为当前教师不可或缺的一种教学手段。教师通过多媒体影像可以将抽象的理论化知识以文字、音像、动画、图片等信息重组在一起，让学生通过多媒体播放的情境片段置身其中，感同身受，促使学生在情境中进行主动的心理体验，从而达到体验式教学的目的。小学道德与法治课运用多媒体影像让学生进行主动体验，可以充分调动学生的外部感觉器官，让学生在一个实际的情境中去思考、探索和感悟。

虽然小学道德与法治教学强调正面教育，但在实际生活中仍然有少部分不符合社会和谐的因素存在，为了加强小学生对事物的正确认知，教师在教学时可采用多媒体影像，帮助学生塑造正确的“三观”。

（四）实践生活中体验

小学道德与法治课是一门与实际生活密切联系的课程。新课标要求教师在教学过程中应当注重学科的生活化，在选取教学资源时应当尽量贴近学生的实际生活，让学生通过课堂的理论学习转换为实践的操作活动。通过课外的实践操作体验加深对事物的理解，提高学生理论联系实际、解决实际生活问题的能力。体验来源于生活，最终走向生活，在真实的生活场景中去体验学习，可以促进学生综合能力的发展。

例如，依据小学生的身心发展特点，大多数学生对关爱他人、奉献社会等有利于社会发展的事物持有正向态度，但在实际生活中却很少参加公益活动。因此，在教学“我参与，我奉献”这一内容时，教师可以让学生以小组为单位，制订微公益活动计划表，利用周末假期让学生走进社区、走进养老院，参加公益活动，增强学生的社会责任感，培养学生的奉献精神，让学生从真实的活动中体会奉献的意蕴。

实践生活中的体验可以促使学生通过实践操作感受学习带来的乐趣，经常参加社会实践活动有利于帮助学生树立健康向上的生活观，增强其对现实生活的关心，拉近个人与社会的关系以及提高学生的独立自主和生存生活能力。

总之，小学道德与法治课堂采用多种体验类型进行教学，一方面可以促进学生的学习积极性，另一方面促使学生行为与思想发生转变，有利于增强学生主观改造世界的能力。体验式教学不仅服务于课堂内，也与课外实践活动密切相关，教师可让学生从实践中来再到实践中去，通过自身体验促进认知水平与能力的提升。体验式教学具有很强的可操作性，值得在实际教学活动中推广。

第八章　小学道德与法治课程的教师培养及教学评价

第一节　小学道德与法治课程的教师培养

道德与法治课程是致力于培育学生的社会主义核心价值观和政治素质、道德品质、法治意识、良好行为习惯的综合性课程，具有鲜明的思想性、政治性、社会性、实践性等特点。道德与法治课程的教师和研究人员不仅是一门课程的教学者和研究者，而且是义务教育阶段学生德育工作的重要一员，应站在国家主流意识形态的宣传者、贯彻者、落实者的高度，为国家利益代言、为民族精神立言。因此，对道德与法治教师和研究人员而言，思想性、政治性、专业性要求应当更高、更严，其研究也要有国家意志高度、课程标准精度、社会意识广度、学生生活深度，既要有广阔的社会生活视野，更要有科学的态度与方法。

道德与法治教育教学既是少年儿童思想政治素质、道德品质、法治意识教育及行为习惯健康成长的奠基工程，也是社会主义精神文明建设和公民道德建设的基础工程，还是提升国民整体文明素质、推进中华民族伟大复兴的重要工程。提高道德与法治课程教学质量的关键在于建设一支理想信念坚定、道德素质优良、专业基础扎实、勇于担当、善于创新的教师队伍，它要求道德与法治教师的专业发展既要有基于课标、教材、教学的课程意义发展，更要着眼于国家意识形态属性教育、大政方针、重大时事主题、公民道德建设、国民文明素质教育等德育工作的格局和视野。从一定意义而言，道德与法治教师要有更高的思想政治觉悟、更宽阔的社会生活视野、更厚重的育人责任担当。

一、道德与法治课程教师专业素质构成

促进道德与法治教师的专业发展，必先明确道德与法治教师的专业素养构成。德育课程对教师提出了更加独特、高素质、宽领域、多方面的要求。道德与法治教师的专业素质构成主要包括以下方面：

（一）良好的思想政治素养

思想政治素质是对所有教师的要求，居于教师素质的首要位置。对道德与法治课程教师而言，思想政治素质是首要素质，是专业素养的重要组成部分。

良好的思想政治素质要求道德与法治教师要有民族、国家、经济社会、世界变革等宽阔的视野，使德育课程教学突破单一的课本、考纲、试题范畴，充分体现民族、国家和人民的整体利益，充分反映经济社会发展变革大势，引导学生在更宽阔的视域开展学习活动；良好的思想政治素养要求道德与法治教师更加深刻地理解和把握课程教学内容，全面理解和把握个性品质养成与社会性发展、家国情怀培育的关系，深刻理解和把握理论与实践的关系，引领人生正确路向，支撑学生终身发展；良好的思想政治素养要求道德与法治课程教师有鲜明的民族、国家利益和时代变革的站位高度，坚持人本立场与社会立场、国家民族立场的有机统一，引导学生将个体发展融入推动社会进步，民族、国家发展的整体价值之中。总而言之，道德与法治教师的思想政治素养直接体现了教学的基本立场、政治站位和教学导向，决定了教学视野的宽度、教学内容的深度和教学质量的高度。

（二）良好的道德修养

道德修养是道德与法治教师的基本要求，也是专业发展要求本身。教师队伍建设对师德修养的要求包括：引导广大教师以德立身、以德立学、以德施教、以德育德，坚持教书与育人相统一、言传与身教相统一、潜心问道与关注社会相统一、学术自由与学术规范相统一，争做好教师，全心全意做学生锤炼品格、学习知识、创新思维、奉献祖国的引路人。这不仅是对全体教师的要求，而且对道德与法治教师更有着特殊意义。

首先，道德修养水平反映了教师的道德认知和体验状态，直接关系着对道德与法治课程内涵的理解和把握程度；其次，教师的日常道德行为表现直接影响着学生的道德认知和行为表现，在一定意义上，教师的道德修养和行为表现是最生动的道德与法治教育；最后，教师的道德修养决定着道德与法治课程的教学态度和方式。道德与法治教学的落脚点是对人思想、品格、行为习惯等的教育，需要以心交心的情感教育，需要启发教育，需要耐心教育，需要有教无类的公心教育。因此，教师道德修养的厚度影响着教师教学方法选择和运用的效度。

（三）良好的法治素养

法治素养是对公民的普遍素质要求，是对道德与法治教师的专业新要求，是领会和把握课程核心内涵的基本要求，法治对于中国特色社会主义建设、全民族法治素养的提升具有重大意义。道德与法治是义务教育阶段学生法治素养和道德素质培育的奠基工程，关系着一代又一代公民的整体素质，以及全面依法治国方略的深入、持久实施。

道德与法治教师理应成为中国特色社会主义法治素养培育的先行者和最高要求者、践行者。作为摆在道德与法治教师面前的全新的法治教育，提高教师的法治素养是当务之急，重点应增强宪法意识，理解宪法具有最高的法律地位、法律权威、法律效力的深刻意义，培育尊崇宪法、学习宪法、遵守宪法、维护宪法、运用宪法的自觉意识；加强中国特色社会主义法治理论、法治政策、司法制度、法律体系、法治思维、法治方式的学习，培育良好的法治意识、法治精神和法治生活习惯；加强学习研究和实践，把中国特色社会主义的法治理论、思想和制度、方式融入道德与法治课程教学，不断探索和创新道德与法治教育的新方法、新模式，提高道德与法治课程的育人实效。

（四）良好的社会参与素养

社会参与是现代公民文明素质要求，是实现中国特色社会主义民主、建设共建共治共享社会治理格局的使命要求。在互联网时代，公众参与成为公民文明素质培育不可忽视的重大课题。道德与法治具有鲜明的社会性，十分强调道德与法治的社会生活实践，因此，课程是培育学生社会参与意识、素养和能力的重要渠道和阵地。

道德与法治课程教师要引导儿童在体验自身生活和参与社会生活的过程中，学会热爱生活、创造生活。儿童的发展是其怀着对生活的热爱，通过参与丰富多彩的生活实践，与外部环境积极互动而逐步实现的，因此要注重联系学生的实际生活，引导学生在实践中发现和提出问题，在亲身参与丰富多样的社会活动中逐步形成探究意识和创新精神。学生的品德与社会性发展是在逐步扩展的生活领域中通过与各种要素的交互作用而实现的：道德与法治课程的任务是引领学生了解社会、参与公共生活、珍爱生命、感悟人生，逐步形成基本的是非、善恶观念，过积极健康的生活，做负责任的公民。要让学生逐步掌握交往与沟通的技能，学习参与社会公共生活的方法，积极参与公共生活、公益活动，自觉爱护公共设施，遵守公共秩序，有为他人、为社会服务的精神。道德与法治课程教师要引导、支持学生自主制定规则、公约等，逐步培养学生参与群体生活、自主管理、民主协商的能力，养成按规则办事的习惯，引导学生在学校生活的实践中感受法治的力量，培养法治的观念，要积极支持学生组建法治兴趣小组、法治实践社团等，并加以正确引导，使学生以适当方式研究法治问题、参与法治实践，在道德与法治课程中培育学生的社会参与意识。总体上要求教育教学活动保持与现实社会全接触的态势，有效拓宽道德与法治课程的教学时空，引导学生在社会生活中养成道德品质和社会责任感，这就要求道德与法治教师必须是社会参与意识、方法和能力的示范者。

就道德与法治课程而言，社会参与素养包括社会关注、社会现象和问题的交流表达、社会实践等意识和行为，社会参与的内容至少包括社会公益活动参与，如志愿者活动、扶贫济困行动、环保组织活动等；文化活动参与，如参与节假日活动、传统民俗习俗学习与表演、文体活动交流等；政治参与启蒙，如关注新闻和国家时事政治、参与重大政治题材的宣传活动、开展模拟听证会、模拟法庭活动等。教师要适应和胜任道德与法治课程的社会参与教育，主动学习社会参与的理论、思想，积极关注社会参与重大时事题材，有条件的可以亲身体验社会参与实践，深刻把握社会参与素养的内涵和能力要素，通过多种方式积累社会生活素材，并运用于道德与法治课程的教学实践。

（五）良好的信息化素养

信息化素养是互联网时代公民必备的素质要求。促进学科课程教学与信息技术的深度融合是对当代课程教学的普遍要求，道德与法治课程也不例外。道德与法治课程教师要充分利用信息技术手段，将多种法治教育资源、形式予以整合、提升，形成以学习者为中心的教育环境，引导学生自主学习，培养学生学习法律的兴趣。就道德与法治课程而言，教师应具备的信息素养包括网络工具运用能力、信息获取甄别能力、信息分析整理能力、遵守网络道德与法规意识和行为等。在具体教学活动中，教师现代信息素养运用的范畴主要包括指导学生正确利用互联网开展学习道德与法治的基本常识，在互联网平台中学会收集、甄别、整理真实有益的信息，引导学生学习并遵守互联网道德与法规等。

（六）良好的教学活动组织能力

道德与法治作为一门社会性、生活性、实践性的课程，教育教学活动的形式丰富多样，特别强调实践体验和社会参与，这就要求教师不仅要具有理解课程标准和教材的能力，更要具有实践活动的组织策划能力。因此，活动策划组织能力是道德与法治课程教师教学专业能力的特殊之处。课程标准和教育大纲均对此有明确要求。道德与法治课程教师要引导儿童通过观察、调查、讨论、参观、访问、制作、交流等多种方式进行学习。道德与法治课程的教学活动方式多样，如阅读、讨论、辩论、参观、调查、访问、游戏、角色扮演、模拟活动辨析以及撰写报告书、制作图表等，每一种活动都有其适用的范围和价值。可以综合采用故事教学、情景模拟（如法庭模拟）、角色扮演、案例研讨、法治辩论、价值辨析等多种教学方法，在必要时，可根据学生的认知特点，将真实法治案例引入课堂教学，注重学生法治思维能力的培养。

道德与法治课程教师的社会活动组织能力主要包括三个方面：第一，活动主题的选择能力。教材内容十分丰富，如何从中选择适宜、切题、有效的活动主题至关重要。一般而言，活动主题的选择应聚焦课文的重点和难点，有利于重点强化和难点突破；应注重可行性，与学生活动能力和社会环境条件密切联系。第二，活动策划与组织能力。应掌握制定科学的活动准备、要求、布置、流程、管理等系统方法，在必要的时候，教师应和学生一起制作活动的工具，如调查表、调查问卷、采访提纲、活动手册等，不能是放羊式的学生活动。第三，活动总结与评估能力。教师应事先明确活动教育目的，并根据目的设计总结、评价方案，并将其贯穿至活动过程的观察、材料收集、成果各方面，体现活动评价的过程性。评估总结既要有抽象的、总体的，更要有针对性的、个性化的，以突出活动评价的育人功能。活动成果的整理和保存应有序归类，以作为后续教育素材之用。道德与法治教师的教学能力有许多方面，需要注意的包括以下方面：

1. 课程教材的校本化能力

虽然课程教材是通过专门严格审定的，是符合国家政策法规要求的，但是没有哪一本教科书是适合所有学校和学生的，教材与学生个性化之间的距离是客观存在的。作为人格、道德品质、行为习惯发展教育的道德与法治教材更是如此。因此，教材的校本化加工、整理能力就显得十分重要，是道德与法治教师必不可少的基本功。校本化加工，要忠实教材的思想内容体系和核心价值，合理融入区域、学校和学生实际，以增强教学的直观感受性，强化道德与法治教学向社会实践转化。

2. 教学逻辑思维的梳理与表现能力

活动性、社会性教材教学不像知识性学科那样知识体系完整、逻辑层次分明，教学思维和逻辑容易被教学中生成的偶发事件、学生活动的不可控性所冲淡。因此，如何在活动性、实践性、社会性教学中显示清晰的教学和逻辑，确保教学活动的目的和价值达成，是道德与法治教师教学基本能力的需要。要保持道德与法治教学思维和逻辑的清晰度，就要做到教学准备充分、阶梯适当、教学空间适宜、教学活动可控，不能期望一节课就能表现许多道德或法治知识，循序渐进、有步骤、有范畴的主题教学才是有效的，有逻辑的、可调控的教学是教师教学智慧的体现。

3. 问题发现与解决能力

在道德与法治课堂上，学生没有任何疑问的可能性几乎不存在，道德教育本身具有行为反复性、理解个性化和发展递进性，不可能在一节课，所有人对同样的观点完全取得共识。就这一点来看，课堂上学生反馈越多、问题越多，课堂就越真实。换言之，道德与法治课堂教学质量的高低不是取决于学生认同的共识性高低，而是取决于学生道德与法治问题发现的多少、解决的效果。因此，发现问题、解决问题是判断道德与法治课堂教学效果的基本标尺，发现问题、解决问题的能力是道德与法治教师重要的教学能力。

4. 教学的社会化能力

道德与法治教学的主要目的不仅是识记道德和法治概念知识，更重要的、最根本的目的是社会生活中的道德与法治行为转化，这就要求道德与法治教学必须要有促进学生学习的社会化转化能力。教学的社会化能力有两层含义：一是教师教学要与社会密切相融，充分体现道德与法治的社会存在特性，而不是课本里的道德与法治；二是道德与法治教学要有利于学生认识和适应社会，促进学生在社会生活实践中运用所学转化为生活行为习惯。

二、道德与法治课程教师专业素质的发展途径

应对道德与法治教师的专业素质构成，其专业发展的主要途径包括个体发展、校本研修、专项培训、研究提升等方面。

（一）个体发展

个体发展是道德与法治教师专业成长的根本途径，是一种内在修为方式与一般知识性学科课程不同，道德与法治教师的个体发展不限于知识学习，更多的是教师的社会性丰富和发展，如生活经验积累、社会现象观察、社会实践参与等，后者十分重要。这就要求道德与法治教师将道德与法治专业修养与日常社会生活和实践密切挂钩，敏锐捕捉对道德与法治有教育意义的生活题材，并加工运用于道德与法治课程的教学实践。儿童的道德发展离不开生活，我们要寓道德于生活中，使道德教育植根于儿童的生活，教师不妨先把自己的生活和道德与法治连接起来，把自己的生活放在道德与法治层面去考虑。

（二）校本研修

校本研修是道德与法治教师专业发展的常规途径，主要针对课程教学具体的内容和方法。从基本概念上理解，校本研修是以学校乃至学科组为基层组织，以解决教师所面临的实际教学困难和问题为核心内容，以提高教师教育教学实践能力为宗旨，融教育教学思想理念、教学实践、教育科研、教师发展于一体的研究学习模式。它主要通过发挥学科组的集体智慧和作用，有目的、有计划、有组织、有针对性地开展道德与法治课程与教学研讨，致力于解决课程教学的具体问题。在通常情况下，校本研修围绕主题，结合实践，面向教学实际问题展开，形成教学计划、方案、课题、活动组织等成果形式。目前，通过名

师工作室带动、凝聚教师开展校本研修是一种新途径、新方式，通过打造名师团队，这种方式有利于学校开展更加精准、专业的校本研修，当然，和道德与法治教师的专业素质相对应，校本研修的内容既要基于课程教材教学，更应当有和道德与法治课程相关的国家政策时事题材、经济社会发展重大事件的学习研究内容，也应当更多地研究和道德与法治关联的教师社会生活及体验、学生生活实际案例等，这是道德与法治校本研修应当特别注意的内容领域。

（三）专项培训

专项培训是道德与法治教师专业成长的专门渠道，也是正式培训方式，一般专项培训由教育主管部门、人事部门组织。需要特别指出的是，既然专项培训称为专项，那就不能是走过场、随随便便拿一些老套的教育学、心理学应付了事，而是应有加强规划的针对性、系统性和衔接性。

从培训对象规划，专项培训一般分为新教师培训、青年教师培训、骨干教师培训、名师培训等，这类培训层次分明、内容系统，相对比较成熟。

从培训内容规划，包括找准教师发展点、确定培训对象、明确任务要求内容和方法等。对道德与法治教师而言，培训内容规划应聚焦理论知识短板和教学策略方法短板，特别是教师的时事政治学习、法治教育、实践活动方式教育应作为专项培训内容规划的重点。培训内容规划需要有调查作为基础，不能只在办公室进行。培训内容与教师需要脱节是被长期诟病的问题，主要原因是前期调查研究基础不扎实。

从培训方式方法规划，道德与法治教师培训应有更多实践元素，要创新教师思想政治工作方式方法，开辟思想政治教育新阵地，利用思想政治教育新载体，强化教师社会实践参与，推动教师充分了解党情、国情、社情、民情，增强思想政治工作的针对性和实效性。

（四）研究提升

研究提升是教师专业的高端发展之路，是教学思想理论与实践结合、转化的必要途径。研究提升包括专门课题研究、论文写作等。对于一线教师而言，研究应找准定位，坚守自己的研究主题和路径，这样的研究才有个性化，才有创造性，才有利于教师专业发展和教学个性风格的形成。本书主张道德与法治教师应多关注教学实践的具体问题、具体案例、具体方法，以点突破，以实践突破，逐步上升到理论理解和实践创新的高度。为此，教师应该通过撰写教学笔记、日记、札记的方式开展常态研究。教学笔记、日记、札记是教学研究扎根实践的表现，也是教师个性化教学风格、品质形成的重要方式，还是课题研究、论文写作的第一手资料素材。实践是研究之母，更是道德与法治教师专业发展的有效途径。

三、培养专业化的教师队伍

小学道德与法治课程是一门以学生生活为基础的综合性课程。随着新课程改革的深入开展，教师也由单纯的知识传授者向教学活动的引导者和组织者转变，这就对教师提出更高的要求。

（一）应使道德与法治教师专职化

道德与法治教师除了具备其他教师都有的基本素养外，更需要具备良好的道德素质、人格修养和心理素质。新课程改革下的道德与法治教师要掌握先进的教学理念，能够运用现代化的教学设备创造性地开展教学活动，还要具备教学机制和丰富的实践能力。道德与法治课程的特殊性使得教师的专业化成为课程质量的关键因素。只有实现道德与法治教师的专职化，才能让其从心理上产生对学科角色的认同，把全部精力投入道德与法治课堂教学的研究上来。各学校都有了专职的道德与法治教师，就可以定期开展教研活动，不断提高课堂教学的质量和教师的专业水平。

（二）应努力提高道德与法治教师的专业素养

道德与法治的课程目标为培养学生良好的行为习惯，促进学生道德与法治行为的形成和社会性发展，把学生培养成为有爱心、有责任心、有良好的行为习惯和个性品质的社会主义合格公民。这就意味着小学道德与法治教师肩负着更重要的责任，不仅要有专业的知识，还要具备师德修养和人文修养。所以，作为小学道德与法治教师，就必须通过多渠道学习提升自身素养，多参加外出进修、学科培训和远程教育等活动，充分发挥学科带头人和教学骨干的示范作用，让教师们在交流中体会差距，在学习中提高水平。

（三）应充分发挥榜样的作用

古代教育家孔子说过："其身正，不令而行；其身不正，虽令不从。"小学生的模仿能力很强，教师的一言一行都在潜移默化地影响着学生的行为，因此教师在任何时候都要以身作则，充分发挥榜样的示范作用。这就要求教师以健康的心态和职业道德面对学生，用积极乐观的情绪影响学生，永远具有耐心、同情心和宽容心，赢得学生的尊重，成为学生的榜样。

第二节　小学道德与法治课程的教学评价

道德与法治课程对促进学生健全人格养成、良好品德和行为习惯培养、健康生活方式与能力形成、社会性发展和公民素质奠基等有重要意义，道德与法治课程的教学评价对课程建设非常重要。本章重点探讨道德与法治课程的评价原理、道德与法治课程的教学评价内容与策略、学校德育类教学评价的经验与启示。

一、道德与法治课程的评价原理

教学评价不仅是课程与教学改革质量的检测、评估手段，以及学生学业和综合素质发展的检测、评估手段，在一定意义上也是规范教学内容、引领教学改革发展、推进实践创新的重要抓手，历来备受关注。德育课程与教学的评价是教育改革、学生发展的重要聚焦点之一。建构适合教育立德树人根本任务要求和社会主义核心价值观教育，适合课程性质特点，促进学生道德与法治教育的评价体系，是道德与法治课程需要面临的任务。

（一）道德与法治课程的特殊性

道德与法治课程是关于学生生活能力、社会性发展、良好行为习惯养成及其人文综合素质和思想品德培养的综合性课程，与一般以科学知识为主体的课程相比，在教学目标定位、教学对象认知、教学内容选择、教学方法技巧运用等方面有其显著的特殊性，这种特殊性决定了其评价目的、价值、手段、方法的与众不同。课程在教学目标设定、教学对象认知、教学内容选择、教学方法技巧等方面的特殊性决定了其教学评价的特殊要求，决定了课程评价不可能照搬既定的教科书而以本为纲，不可能定制统一的标尺衡量学生社会性的差异性发展，更不可能对发展变化中的人格与道德养成用十分明晰的区分加以鉴定。个性化、发展性、过程性、整体性、行为性评价是课程评价策略和机制建构的选择，这样，课程的评价就不具备一般意义上评价的标尺和甄别价值，评价的约束力、引导力、效力的软弱乏力和模糊性反过来制约了课程实施，直接削弱了课程的目标和价值。

（二）道德与法治课程的评价目的

道德与法治课程要以社会主义核心价值观为引领，普及法治知识，养成守法意识，使学生了解、掌握个人成长和参与社会生活必需的法律常识和制度，明晰行为规则，自觉遵法、守法；规范行为习惯，培育法治观念，增强学生依法规范自身行为、分辨是非、运用法律方法维护自身权益、通过法律途径参与国家和社会生活的意识和能力；践行法治理念，树立法治信仰，引导学生参与法治实践，形成对社会主义法治道路的价值认同、制度认同，成为社会主义法治的忠实崇尚者、自觉遵守者、坚定捍卫者。

在评价目的定位上，需要激励每个儿童的发展，促进每个儿童的品德发展与生活能力提升，这个目的意图将评价的重点确定为儿童品德和个性修养的个性化、多样化发展。要积极促进学生发展，全面了解和掌握学生在道德和社会认知、判断、行为以及发现和解决问题等方面的能力，以帮助教师改进教学，提高教学的实效性，保证课程目标的实现。显然，道德与法治课程的评价目的直指人的发展，人的道德与社会性发展是评价内容的主体。由于人的道德与社会性发展具有反复性、内生性、个性化等特点，因此统一性评价并不适合课程。与一般知识性课程相比，课程的教育教学目标不在于使学生能掌握、识记多少价值观、社会规范和生活常识，而在于他们价值观的内化程度、社会规范的践行状态和生活常识的运用状况。

因此，在评价目标导向上，课程以学生道德、法治意识和行为的动态发展为对象，以激励和引导他们形成良好的道德和行为习惯，奠基初步的人文知识素养，促进其良性社会性发展为评价目标。这就使得课程评价必须与一般知识性学科评价以掌握学科知识内容体系为主要目标，注重知识内容体系的阶梯性、阶段性鉴定等特点完全区别开来，探索符合学生道德与社会性发展的评价机制和策略。

（三）道德与法治课程的评价依据

教学对象的实际情况是选择评价策略的重要依据。学生道德与法治意识和行为习惯发展评价更应关注教学对象的个性心理特征及其成长环境，使评价更具有针对性和积极性。在教学对象的认知上，人的道德与法治意识和行为习惯发展的复杂性是课程实施与评价的认知原点。一个人的道德与法治意识和行为习惯的发展进程较为复杂，一方面受制于家庭环境的影响，更广泛受制于同伴、区域文化乃至世界变化的影响；另一方面，学生道德与法治意识和行为习惯的养成、价值观倾向已经打上了家庭、个体生活经历、区域社会习俗、文化等的印记，课程的实施就是力图使这种印记朝着良性、正向的方面发展。

因此，学校、课程、教科书的影响只有在深度融汇个体的心理人格特征及家庭、社区和世界变化诸要素的背景下才能发挥更好的引导作用。教学对象的道德与法治意识和行为习惯发展的特点决定了课程教学评价必须放置于丰富的、鲜活的社会生活领域，必须充分考虑儿童已有的道德体验、生活经验和文化底蕴，必须综合考察教学对象的学习表现与生活表现之间的联系，而不能从教条出发，探索建立认知和操行相统一、综合性和简约性相统一、显性表现和隐性品质相统一的多元、开放、整体性的评价机制和方式。

基于课程内容的综合性、生活性、实践性、开放性以及课程内容呈现的原则、理念、观念等特点，课程教学评价要尽可能将抽象的课程内容转换为学生具体的道德行为习惯和社会体验行动，并以学生的行为表现所反映的课程内容要求作为评价的内容。这一点也是课程与一般知识性课程在评价内容方面最大的区别，它表明课程的内容不是静止的、固化的、教条的知识，而是动态的、个性化的、内化生成的品德行为习惯和社会性发展状态。这就要求课程的评价在内容选择上必须跳出认知、记忆等书面、表象化的评价方式，及时跟踪学生的日常行为表现并加以评价；必须转变终结性、甄别性的评价价值取向，寻找常规的、发展性、过程性的评价策略和机制。

（四）道德与法治课程的教师评价

教学方法技巧是教师教育教学理念、思想及其对课程价值把握的直观反映，直接影响学生的习得，是教师实施课程教学最直观的评价视点。教师在教学活动中与学生共同成长是课程的一个特殊性，课程的教学活动评价不仅具有教师评价意义，也从另一个侧面反映出儿童道德与法治意识和行为习惯的发展状况，因此，评价教师教学技能和过程应该与评价学生的学习策略和效果在教育价值上高度统一起来。要把了解儿童作为教学的基础，创设多样化情境，拓展教学时空，有效组织适宜的教学活动等。活动教学、实践教学、体验教学等是课程教学的主要形式，这与一般知识性、技能性学科传统的讲、练、记、用的教学模式不同。对教师教学活动的评价显然不能简单停留在活动形式上，而是要深层次关注贯穿教学活动中的教学思想、德育理念、人生观、价值观、世界观，特别是要关注其与学生道德发展需要、社会生活需要、情感需要等的关联度，关注其对学生道德与法治意识和行为习惯发展的教育成效。

二、道德与法治课程的教学评价内容与策略

对课程教学评价的理想诉求，道德与法治课程的相关课程标准有专门的建议。在评价价值取向上，道德与法治均强调评价的过程性、激励性、发展性、开放性、整体性等原则。但由于评价目标的发展性、评价内容的不确定性及不稳定性，课程标准对评价的建议仅停留于理想设计层面，与实操距离较远。

（一）道德与法治课程评价的主要内容

道德与法治课程的评价内容主要有三个方面：一是把单元主题与儿童的个性特点结合

起来，要求教师在评价儿童学习的时候，既要关注所有儿童都要达到的共同目标，又要关注不同儿童对该主题的独特表现和各自不同的优势；二是既关注目标及内容的整体性，又有所侧重、突出重点，要求教师在确定一定主题学习的评价目标时，既要关注目标的整体性，又要避免平均主义，要根据主题的性质和特点突出重点目标；三是把预设目标和活动的生成性结合起来，要求教师既要关注活动的既定目标，又不应拘泥于此，应充分重视活动的生成性和儿童的实际表现，把预设与生成结合起来。

道德与法治课程的评价内容还主要包括学习态度、学习能力和方法、学习结果三个方面。其中，学习态度包括学生在学习过程中主动参与和完成学习任务的态度；学习能力和方法包括学习中观察、探究、思考、表达，收集、整理、分析资料的能力和方法，以及与他人合作完成学习任务的能力等；学习结果即完成学习任务的质量和进步程度。评价内容要紧扣人的道德与社会性发展而展开，并以态度、方法、能力、进步程度为主要评价标尺。评价标尺的抽象化、软性等特征也为课程教学评价提供了创新的空间。

（二）道德与法治课程评价的总体方法

课程评价目的和方法的特殊性决定了课程评价方法的特殊性。课程评价方法主要有观察、访谈、问卷、成长资料袋评价、儿童作品分析等；主要评价方法包括观察记录、描述性评语、达成水平评价、作品评价、学生自评与互评等。其中，除了达成水平评价是以学年及单元的知识与技能目标为基准，通过纸笔测验、考试等方式进行评价，其他评价方法基本属于抽象的质性评价。而且即便是具有量化特征的达成性水平评价，课程标准也特别强调课程不排除纸笔测试方式，但反对考查死记硬背的知识或刻意追求难度以及将学生的品德用卷面成绩衡量的做法。尽管如此，问卷、成长记录袋、作品分析等评价方法的引入似乎让课程评价有了具体的抓手，但由于整体评价过程的烦琐、不稳定性、不确定性等特征，课程评价难以有效落在实处，难以发挥效果。

（三）道德与法治课堂教学评价的意义

课堂教学评价的意义在于指引教师全面理解本课程的教育目标和价值，采用适合本课程性质和特点的教学方法，创新教学方法和手段，提高教学实效，主要包括以下方面：

首先，在评价目标上，突出本课程对于学生道德与社会性发展目标，不刻意追求如知识性课程那样对知识的理解、识记。由于本课程教师大都兼职语文、数学、英语等课程教学，习惯采用以知识点为目标、以分数为评价标尺的考试考核方式，如何实现由直观、量化、可感的“知识性”考试考核转向抽象、质性、过程性的道德与社会性发展评价，主要是解决对课程的认知、对儿童道德与社会性发展规律的认识和把握问题。

其次，在评价内容上，道德与社会知识点不是本课程评价的主要内容，学生道德与法治意识和行为习惯发展的过程状态、进步程度、稳定程度、内化程度等才是本课程评价的主题。围绕这个评价主题，课堂教学评价的关注点在于教师对学生道德与法治意识和行为习惯发展的了解程度，教学内容与学生道德和社会性发展状态的吻合、匹配程度以及教师教学指引的正向性、针对性和个性化等。特别强调教学材料整合、引用是否能够贴近学生、贴近生活、贴近社会，这也是本课程教育目标和价值的综合反映。

最后，在评价策略和方法上，本课程教学评价突出师生、学生之间的互动，突出课堂体验和实践互动，突出学生参与、行动的广度与有效性，突出引领和解决学生道德与社会性发展困境的有效性。这四个突出体现了本课程的生活性、活动性、开放性、实践性等特征，也体现了教师对学生道德与社会性发展的关注程度，而不是对课本知识、道德原理解读的准确性。教师教学的情感状态、与学生对话交流的用心状态、教师对学生个性发展的把握状态等是本课程教师教学评价特殊的关注点。

课堂教学评价的特殊意义有四点：第一，在评价对象上，本课程教学评价的对象是学生发展，而非知识系统。这一特点决定了课堂上学生的状态是本课程教学评价的主体参照系。第二，在评价主导思想和内容上，教师示范、引领、指导的正向性，即是否符合社会主义核心价值观教育要求，是否体现民族优秀传统文化价值取向，是否具有鲜明的时代性特征，是否符合学生未来发展、终身发展的需要等，是评价内容的重要坐标。第三，在教学效果评价上，教学促使学生情感激发、体验内化、行为转化等，是本课程教学效果的直观衡量标尺。第四，由于本课程教学指向道德与社会性发展，而这一内容处于动态的、不断发展的状态，其中包括教师本身在教学过程中的道德与社会性发展，而且这些发展是与学生共同启发发展的。因此，教师是否能在与学生的互动中共同发展，亦即传统教学所指的教学相长，是本课程教学评价的重要参考指标。在一定意义上，本课程教学评价不仅针对教师，而且针对师生共同发展；不仅评价教师教学绩效，同时也是评价学生学习的重要路径。

（四）道德与法治课堂教学评价策略

基于本课程评价的基本原理，本课程课堂教学评价的主要策略由质性评价和量化评价两部分组成。质性评价注重教学过程的整体状态、效果评价；量化评价则侧重具体教学行为效果状态。

评价实施可以遵循的原则包括：①导向性和自主性相统一原则。它要求既要有教师的引导，也要有学生的自主选择，一般而言，低年级多一些引导，高年级多一些自主选择。②多元性评价与激励性评价相一致原则。它既要重视多元角度、多元主体的评价，更要重视评价生产的激励效果。③循序渐进原则。它指既要重视实践过程符合科学，也要关注儿童在学习过程中的差异和适应程度。自主评价、互助评价是一个内化以及内外相互促进、融合的过程。

首先，简约实用。简约实用是指评价过程、方法更加简捷、明了，具有可操作性。现行的多种评价模式，要么过于粗线条，不能准确、客观、全面地反映学生的品德和社会性成长状态，要么过于烦琐、费劲，实操性不足。要在研究对变化中的、个性化的、多方面的品德与社会性发展面貌进行汇总分析的基础上，抽象出最为核心的发展指标作为评价标尺，使学生的品德与社会性发展状态能够简约而直观地展现出来。

其次，标准明晰。标准明晰是指评价内容标准能看得见、摸得着，并且有一定鉴别力。这个评价标准不能像知识学科那样只针对课本知识，主要应该针对学生的品德和社会性发展状态，要针对人而非知识，针对行为表现而非知识记忆。

最后，可信度高。评价要能真实反映学生的品德与社会性发展状态，抓住学生品德与社会性发展的关键的、标志性的指标，这是评价可信度的基础。有了评价的可信度，才谈得上有效激励，才能引导学生了解自己在品德与社会性发展方面的成绩、优势和需要克服的问题。

参考文献

[1] 曹爱芹. 小学道德与法治课程教学研究 [M]. 长春：吉林出版集团有限责任公司，2022. 06.

[2] 秦红. 道德与法治一课一教基于学科核心素养的单元教学设计4年级统编版道德与法治教材教师教学用书 [M]. 上海：上海教育出版社，2022. 06.

[3] 钟晓琳. 论德育的精神性 [M]. 成都：四川教育出版社，2022. 03.

[4] 朱小蔓. 当代学校德育对话录情感的关切 [M]. 成都：四川教育出版社，2022. 03.

[5] 黄莹. 法治教育进校园 [M]. 武汉：武汉大学出版社，2022. 06.

[6] 占莉萍，宋振海. 教师职业道德 [M]. 北京：航空工业出版社，2021. 04.

[7] 章乐，唐燕. 走向有魅力的德育课堂小学《道德与法治》课例研究上 [M]. 南京：南京师范大学出版社，2021. 12.

[8] 马建萍. 道德与法治共融的德育课堂 [M]. 南昌：江西教育出版社，2021. 08.

[9] 王昭君. 教师职业道德与教育法律法规 [M]. 长沙：湖南大学出版社，2021. 02.

[10] 苏爱洁. 幼儿教师职业道德规范与践行指导 [M]. 上海：复旦大学出版社，2021. 10.

[11] 李素华. 基于核心素养的道德与法治课程教学探索 [M]. 汕头：汕头大学出版社，2021. 08.

[12] 王治国. 唤起道德生命的觉醒“适性·动能”德育校本实践体系 [M]. 成都：四川教育出版社，2021. 04.

[13] 胡霞，刘峰，吴宇. 大中小学思想政治理论课一体化专题教学设计文化与哲学篇 [M]. 成都：四川大学出版社，2021. 08.

[14] 刘彦文. 教师专业发展与小学名师发展案例研究 [M]. 北京：中国轻工业出版社，2021. 11.

[15] 秦红.《道德与法治》一课一教基于学科核心素养的单元教学设计三年级 [M]. 上海：上海教育出版社，2021. 05.

[16] 高本光. 小学德育质量监测工具原理和应用［M］. 厦门：厦门大学出版社，2021. 10.

[17] 王敬波.《道德与法治》法治教师简明手册［M］. 北京：中国政法大学出版社，2021. 09.

[18] 万代红. 具身认知视野下小学德法教学的探索与实践［M］. 南京：河海大学出版社，2021. 11.

[19] 韩洪涛. 因心而育从德而行“恩德”文化的建设与实践研究［M］. 天津：天津社会科学院出版社，2021. 01.

[20] 张玉成. 唤醒：先学后教理念下的教学模式研究［M］. 长春：吉林人民出版社，2021. 06.

[21] 王兰涛. 中小学法治教育的路径与实施策略［M］. 北京：华文出版社，2021. 01.

[22] 孙彩平. 怎样上好小学道德与法治课［M］. 南京：南京师范大学出版社，2020. 03.

[23] 杨文松，张德刚，李传港. 让小学《道德与法治》融于学生生活［M］. 长春：吉林人民出版社，2020. 12.

[24] 袁滢. 道德与法治课程与教学［M］. 长沙：湖南大学出版社，2020. 07.

[25] 卫发明，李勇，王蓓. 小学班主任德育工作科研探索［M］. 长春：吉林人民出版社，2020. 05.

[26] 刘艳芳. 小学课堂教学案例分析［M］. 成都：西南交通大学出版社，2020. 01.

[27] 冉嘉洛，贺雪萍. 小学教育学［M］. 长春：东北师范大学出版社，2019. 01.

[28] 赵波，李凌锐. 综合素质小学［M］. 长春：吉林人民出版社，2019. 10.

[29] 彭虹斌，蒋亚辉. 儒家文化背景下的学校道德领导［M］. 武汉：武汉出版社，2019. 05.

[30] 张士锋. 做有影响力的教师［M］. 天津：天津教育出版社，2019. 10.

[31] 时晓红. 教育学心理学新论［M］. 济南：山东人民出版社，2019. 11.